喬木
書房

喬木書房

譚富齡 著

該醒了！

事情不是你想的那麼簡單

保護自己，不能不知道的77則生存智典。

一個人只有學會保護自己，
才能夠在這個爾虞我詐的人性叢林裏全身而退。
或許，你對於這些爾虞我詐的行徑很不以為然，
但是為了生存下去，
這些讓你非常不屑的卑劣行為，
往往能夠在你「山窮水盡」的關鍵時刻，救你一命。

You should wake up,

things are not as simple as you think.

目錄

【作者序】

所有成功者，都是有一點「怪」、有一點「不乖」

不要讓別人來評價自己，而是應該自我評價，拿自己跟自己比。保持一個平常心，不要被世俗的價值觀和是非觀給綁架了，要知道，所謂的社會觀感，不過是一種約定成俗的概念，並不能代表什麼。

有個故事是這樣的；猴群中有一隻小猴曾經向鴨子學過駕船技術，每次猴群過河都是牠駕船破浪。

有一天，猴王把牠叫過來說：「我想跟你學駕船，我有辦法學會嗎？」

「不但能學會，而且您還能超過我。」小猴子說。

於是，猴王開始跟小猴子學駕船，如何揚帆，如何掌舵，如何撐篙，如何搖櫓，小猴子都講得清清楚楚，聰明的猴王很快就都掌握了。透過一段時間的練習，猴王完全能熟練駕船了。

「來，咱們來一場比賽吧！」猴王對小猴子說。

「好吧，陛下。」小猴子回答。

比賽的結果卻是猴王輸了，牠惱羞成怒地說：「你竟敢對我留一手，推出去殺了！」

「陛下，等我說完，您再下令也不遲。」小猴子回答說，「您落後的時候，一心想超過我，搖櫓撐篙的動作都變了樣；您在超過我時，怕我趕上您，掌舵的時候也沒用心；和我並駕齊驅時，您在觀察我，而忘記了對帆的控制，您的心根本沒在駕船上，雖然您的技術一點也不比我差，力氣也比我大，但您還是輸掉了。」

猴王無語。

這個故事告訴我們，眼睛不要總是盯在別人的身上，否則，你會成為別人的「精神奴隸」。

患得患失、內心怯懦是成功的大敵。患得患失只會給自己越來越多不成功的心理暗示，增大失敗的可能性。你可能花費了大量時間努力想贏得他人的稱讚，或因得不到稱讚而憂心重重。

但你應該認識到，尋求稱讚可能會讓你變得更自信，但也有可能使你變得更沮喪；因為你把評價自己的能力交付到別人的手上。

你敢於站出來當著別人的面表達你的意見嗎？

面試的時候，看著主考官嚴肅的臉龐，你是不是更願意低下自己高貴的頭顱，迴避開主考官的臉龐，你是不是更願意低下自己高貴的臉龐，迴避主考官犀利的目光，然後低聲下氣地把自己的經歷說出？

在公司的會議上，當你只是初出茅廬的新手，是不是總會感覺會議的氣氛過於緊張壓抑，總是渾身不自在，真恨不得能找一個地洞鑽進去？

這就是患得患失的心理在作祟。

牛鼻子被穿上繩子，牢固地繫在木樁上，無論怎麼走，都是繞著木樁子在轉，走不出一條自己的路。不要讓別人來評價自己，而是應該自我評價，拿自己跟自己比。

保持一個平常心，不要被世俗的價值觀和是非觀給綁架了，要知道，所謂的社會觀感，不過是一種約定成俗的概念，並不能代表什麼。

當大眾紛紛搬進摩天大樓，你也能住在自己喜愛的茅草小屋裏；當大眾追求著名牌皮包，你能堅守藍白塑膠袋的菜市場style；當大眾迷戀著好萊塢電影，你可以望著每天的星星感受這天地間最美好的風景。

在這個高壓、高速的社會中，人人都被莫名的壓力追得喘不過氣，而無所不在的世俗眼光，更是讓人失去了暢所欲言的能力。但你不能因此敗給了壓力，成為茫茫的順民之一。

因為，所有的成功者，都是有一點「特別」、有一點「怪」、有一點的「不乖」。

這本書就是要告訴大家，「你不只是怪，而是與眾不同」！每個篇章透過經典寓言故事，將如何在這個爾虞我詐的社會的生存智慧，深入淺出地告訴大家，讓大家在輕鬆的閱讀中，掌握生存的秘訣，開闢人生的新境界，讓大家能有條列式、有方向的理解自己「怪」的地方，然後將自己怪的地方隱藏起來，順利地融入群體裏，成為大家眼中的「乖乖牌」，但又能不喪失自我，保有成功者的珍貴特質。

記得魯迅先生的著名格言：「世上本沒有路，走的人多了也就成了路。」我們就要善於發現並走出自己的生存之路。

請記住一句話：走自己的路，讓他人評說吧。

1、不要「請鬼抓藥單」

生存智典

不要太相信別人

如果你對別人過於相信，一點防備之心都沒有，那就代表你還沒學會保護自己，一個人只有學會保護自己，才能夠在這個爾虞我詐的人性叢林全身而退。

※用故事看人性

引貓入室（每個人都曾經做過的蠢事）

老鷹要給小雛鷹餵食，但找不到食物，只好抓了一隻貓放進巢裏。

老鷹原本是想吃掉貓來餵雛鷹，不料貓竟然趁著老鷹不注意的時候，立即吃起雛鷹，把牠們一個個都當成點心吃掉。

老鷹見狀，十分憤怒。

貓卻對牠說：「鷹老大，你不要怪我，我可是你親自請進來的呀！」

增強自我保護意識

前述故事的老鷹之所以會做出「引貓入室」的蠢事，主要是自我保護意識不夠。

然而，在自然界就屬背著一個厚厚外殼的烏龜最懂得自我保護了，烏龜是自然界中唯一沒有天敵的動物，每當有危險降臨的時候，牠會躲進龜殼的保護，一直等到外面的危險解除。

要知道，正因為烏龜懂得保護自我，所以牠的壽命很長，牠完全可以用這很長的壽命去完成牠想做的一切事情。

如果把烏龜和兔子放在一起比較，就可以發現兔子的缺陷。兔子之所以跑得快，是因為牠不得不這樣做，否則，就有被老虎、狼、老鷹……等，吃掉的危險。

烏龜則不一樣，由於堅硬外殼的保護，即使是最兇猛的獅子也對牠無可奈何，所以烏龜才有了「閒庭信步」的從容。

練習保護自己

一、不要自以為是，有的時候，要多站在別人的角度，來檢視一下自認為是正確的決定，到底有沒有自己沒有注意到的盲點。

二、不要一味地追求速度，有的時候也要放慢腳步，回頭看看自己做過的事情，看看哪些有漏洞，如果有缺陷就趕緊彌補，免得被人抓住，後悔就來不及了。

三、如果不小心做出「引狼入室」的錯誤決定，必須當機立斷承認錯誤，並且立刻採取「亡羊補牢」的補救行動來保護自己。

2、想讓你關掉心防的人，會先假裝關心你

生存智典

不要被別人的關心衝昏頭

會無緣無故關心你的人，其背後往往藏著無法告人的目的，尤其是這個關心你的人，如果跟你有直接或間接的利害關係，更需要提高警覺。

※用故事看人性

狼的詭計（有些人的「好意」，只要心領就好）

在很高的懸崖上，有兩隻小羊在那裡玩。有隻饑腸轆轆的狼，眼睛突然往上瞧了瞧。

狼環視附近這麼高的懸崖，不管從什麼地方都爬不上去。

於是，狼用溫柔而低沉的聲音說：「可愛的孩子們！在那種地方玩很危險，快下來呀！下面的草地有許多柔嫩好吃的草喔！」但是，小羊因為常聽到關於狼吃掉羊的故事，所以向狼回說：「狼伯伯，謝謝你的好意，但是，我們不下去，因為，在還沒有吃到嫩草之前，可能就先被狼伯伯你給吃掉了。」

「什麼？可惡的屁小孩！」狼非常生氣地說。

有些關心的話，聽聽就好

沒有人不喜歡聽別人關心自己的好話？不過，有些人關心你是真心的，有些人則不是真心的，而是另有所圖。有點野外生活經驗的人都知道，越是鮮豔的蘑菇越是有毒；玫瑰花雖然豔麗絕倫，卻是渾身帶刺，因此，別人向你說好話的時候，你一定要仔細聽。

練習保護自己

一、當我們被別人關心的時候，首先要考慮到，別人沒事，為什麼突然關心起自己？

二、只要有求於你的人，便會先假裝關心你，也就是會說一些向你噓寒問暖的「貼心話」。

三、如果是真心的關心，我們要表示感謝，對於那些另有圖謀的關心，我們要保持警惕。

3、用你最擅長的優勢來扭轉劣勢

生存智典

自己是「雞蛋」，就不要硬去碰「石頭」

不要用自己的短處來跟對方的長處較勁，而是要用自己的長處來對付對方的短處。

※用故事看人性

老虎抓不到野鹿（每個人都有英雄無用武之地的時候）

一隻掉隊的野鹿不安地四處張望著。

一頭已經餓了一天的老虎發現了這隻野鹿，於是，牠藉著草叢的掩護，潛行到野鹿後面。

野鹿還沒有發現，老虎突然像子彈般射出去，衝向那隻野鹿，野鹿這時才知道危險的到來，本能地躲開了老虎的攻擊。

老虎第一回合撲了個空，轉身再度撲來，野鹿拔腿狂奔，跑進一處灌木叢中。

在灌木叢中追逐獵物可不是老虎的特長，牠在外面搜尋了一會兒，低吼了幾聲，不得不蹣跚著回到原來的土丘上。

沒有絕對的強者和弱者

在動物的世界裏，沒有絕對的強者和弱者，強弱只是相對的。

和動物世界一樣，在人的世界裏，也沒有絕對的強者和弱者，只有相對的強者和弱者。

剛愎自用，強者也會變成弱者，而會借力使力的，弱者也可以成為強者，這就像前述故事的野鹿在遇到老虎是百分百的弱者，但當牠逃進自己熟悉的灌木叢時，不擅長在灌木叢追逐獵物的老虎，瞬時就變成「弱者」了。

練習保護自己

一、當我們遇到比自己強的人，想要傷害自己的時候，必須立刻尋找可以讓自己依靠的靠山，讓這個比你強大的人有所畏懼，不敢採取傷害你的行動。

二、再如何強大的人，都一定會有弱點或罩門，因此，如果不想讓比你強大的人傷害你，就必須確實地掌握對方的弱點，如此一來，才能阻止對方傷害自己。

4、成功要人幫：讓貴人幫你找到人生出口

生存智典

把貴人當成人生的「衛星導航」

當我們在人生道路上迷失的時候，與其讓生命自己矇著頭找到出口，還不如找到「貴人」來引導你怎麼找到生命的出口。

※用故事看人性

識途「老虎」（有時候，「貴人」往往是我們所懼怕的人）

有一群羊聚在一起討論，牠們想找到傳說中的青青草原，因為據說這個「青青草

原」，一年四季青草不斷，但問題是牠們並不知道這個青青草原如何前往？

因此，必須找一個知道路的導遊帶牠們去，但哪裡知道在這方圓百里之內，唯一知道路的「導遊」，竟然是住在青青草原附近的老虎。

有貴人相助，才可以扶搖直上

當你迷路的時候，有經驗的人會告訴你，找一匹「識途」的老馬來為你帶路，因為，老馬走得路多，所以就成了活地圖，可以給人們帶路，幫助人們走出迷途。

同樣，當你還處在弱勢地位的時候，如果能夠得到「貴人」的相助，那就可以取得事半功倍的效果。

有一份調查顯示，那些做到中、高階以上的主管，九〇％的人都受過不同級別人士的栽培；做到總經理的，有八〇％遇到過貴人；自己創業當老闆的，竟然百分之百都曾被人提攜過。

這說明，在向事業高峰攀登的過程中，貴人相助絕對是不可缺少的一個環節，也就是有貴人相助，才可以扶搖直上，飛黃騰達，但也不要因此就上了一些由小人扮演的「貴人」的當喔！

練習保護自己

一、人生想要成功，雖然有時候必須靠「貴人」相助，但你必須具備分辨「真貴人」與「假貴人」的能力。

二、越是像「貴人」的貴人，往往都是由小人扮演的，其目的是為了得到你對他的信任，然後，再利用你的「信任」來傷害你。

5、不要讓自己變成別人成功的墊腳石

生存智典

人生比的不是氣盛而是氣長

如果兩方爭鬥，互不相讓，結果只會兩敗俱傷，使第三者得利。

※用故事看人性

狗兔相爭，農夫得利（沉不住氣的往往第一個斷氣）

子盧是天底下跑得最快的狗，西郭是四海之內最狡猾的兔子，子盧追逐西郭，繞過三座山，躍過五個山頭。

跑在前面的兔子西郭疲憊極了，追在後面的狗子盧也困倦不堪。三天後，狗和兔子精疲力竭，各自死在牠們所在的地方。

農夫看見了，不費一點力氣就獨佔其利，得到了狗和兔子。

要打敗對手，但不要爭強好勝

有這樣一個故事，草原上有一群狼，常到牧場叼羊。牧場主人雇來獵人，將狼群全部圍殲，可是，沒多久，羊群便流行瘟疫，死了很多羊。

後來，專家分析，羊之所以得瘟疫，乃是因為少了天敵之後，惰性發作，不再奔跑，體質下降，因此，很容易受到病菌的侵襲。

於是，專家開出了「藥方」：捕捉幾隻狼，放到附近的山溝。牧場主人照著專家說的做了，結果，羊群從此果然再也沒有大面積感染過瘟疫。

由此可見，沒有對手就成不了強者，但也不要為了成為強者，過於爭強好勝，到最後落到跟對手兩敗俱傷的地步，讓自己成為第三者「漁翁得利」的「戰利品」。

練習保護自己

一、對手是激發你活力的重要因素。正是因為對手的存在，才會讓你不斷克服自身的弱點，消除自身的弊病，成為真正的強者。

二、「爭強好勝」並不是優秀的品格，非要置對手於死地的心態也不是健康的心態。就像寓言中的狗和兔一樣，如果眼中只有對手，心中只有仇恨和爭勝的慾望，最後的結果一定是兩敗俱傷。

三、成熟的人都必須懂得「適可而止」的道理，甚至，如果可能的話，你還應該向對手學習呢！慾望過盛，會把人引向深淵，但是如果你能夠把非勝不可的慾望，轉化成超過對手的動力，你就會細心地研究對手，改進自己，這樣一來，你就不會因為想「爭勝」，而讓自己成為別人不費吹灰之力，就能獲得的「戰利品」。

6、人少事難成，人多好辦事

生存智典

把別人的力量當做自己的助力

人必須和他人一起生活，才能保證自己的生存。

※用故事看人性

貓頭鷹為老鼠帶來糧食（善待他人就是給自己留了條後路）

一棵老朽的松樹被砍倒了，在樹裏有一隻貓頭鷹的老巢，這隻貓頭鷹一直棲息在既淒涼又陰暗的樹洞中，由於年代久遠，樹幹早已被蛀空。

而在樹洞眾多的居民中，有好幾隻肥滋滋的老鼠，而貓頭鷹在外頭狩獵之餘，甚至給老鼠帶來了麥粒等糧食，深怕牠們餓著。

為什麼專吃老鼠的貓頭鷹，會讓老鼠和牠住在同一棵樹，還對牠們這麼好，甚至還照顧牠們的三餐呢？

要知道，貓頭鷹的做法自有其道理。貓頭鷹雖然成天在外面狩獵，但卻不是每次都能有所收穫，有時還有可能一整個月都獵不到獵物而餓肚子。

為了防止「餓肚子」這種事情發生，貓頭鷹非常善待跟牠同住一棵樹的老鼠─其實，真正的目的就是把牠們當成「預備食物」。

不要讓自己成為別人「養肥再殺的豬」

貓頭鷹和人一樣有了長遠的打算，這是被殘酷的生存法則逼出來的「智慧」。

洛克維克曾經寫道：「狼有時也會設法保護羊，但那只是為了讓自己便於吃羊。」這句話告訴我們，如果不應該對你好的人，突然之間，對你特別好，甚至還把你奉為上賓，當成ＶＩＰ來招待，那麼你就要特別注意了，因為，對方之所以會對你那麼好，會不會就像前述故事的貓頭鷹「善待」老鼠一樣，其目的就是要把你當做他的「預備食物」。

因此，千萬不要因為別人突然對你好，就「受寵若驚」，反而必須更加「戒慎恐懼」，否則，你被人家當成「養肥再殺的豬」都還渾然不知。

練習保護自己

一、如果不應該對你好的人，突然對你好，就好比貓突然對老鼠好、狼突然對羊好一樣，那麼你就要好好地去斟酌對方這種反常的舉措，可別以為對方是「佛心來了」，或是「寬容大量」，而是必須仔細地去分析對方「突然對你好」的背後，是不是隱藏著什麼不可告人的目的。

二、如果不應該對你好的人，突然對你好，千萬不要一下子就表現出一副感動莫名的樣子，而是必須冷靜地去思考對方幹嘛要對你那麼好，否則，你很容易就會成為那個「被別人賣掉，還在那裡幫人數賣掉自己鈔票」的人。

7、看人看進心眼裏

生存智典

瞬大眼睛，識破敵人的偽裝

一個人可以把他的目的隱藏得很深，但再狡猾的狐狸總逃不過獵人的眼睛。

※用故事看人性

火燒貓頭鷹的烏鴉（可憐之人必有可恨之處）

有一群烏鴉和一群貓頭鷹結下了仇怨。牠們經常互相攻擊，殘害對方。

一天，一隻聰明的烏鴉對其他烏鴉說：「我們和貓頭鷹已結下很深的怨恨，必須想個辦法消滅牠們不可。」

其他烏鴉說：「你有什麼好辦法嗎？」

聰明的烏鴉說：「你們一起來啄我，拔掉我的羽毛，啄破我的頭……」

眾烏鴉照做了。

於是，這隻頭破身上滿是傷痕的烏鴉，獨自飛到貓頭鷹的巢穴外面，哀鳴著。貓頭鷹們可憐牠，就收留了牠。

於是，這隻烏鴉就在貓頭鷹的窩裏安頓下來。過了一段時間，烏鴉的傷勢漸漸好轉，羽毛也長豐滿了。牠每天裝做生活得很高興，但內心卻在悄悄地打著主意。

烏鴉從外面銜來一些乾樹枝和一些乾草，放在貓頭鷹的巢裏。貓頭鷹見了不解地問：「你銜這些乾草和樹枝回來幹什麼？」

烏鴉回答說：「你們對我太好了，我要報答你們。冬天就要到了，我銜些乾樹枝來抵禦風寒。」

貓頭鷹聽了之後，頗為感動。

一天，寒風猛烈地刮著，天上下起了大雪，貓頭鷹們都窩在巢裏。

烏鴉一看機會來了，隨即從牧人那裡銜來火種，點著了貓頭鷹的巢穴。

結果，貓頭鷹全部被燒死了。

擦亮眼睛，才能識破對方詭計

假相可以迷惑人，必須加以提防，否則就會受到傷害。面對敵人的謊言，我們一定要擦亮自己的眼睛，想辦法識破對方的詭計，免得上當受騙。

因為，敵人想要陷害你之前，往往都會先向你示弱，甚至還會玩弄一些權謀，譬如苦肉計之類的手段，其目的就是要麻痺你對他的心防，等到你把他當成朋友，甚至是當做「自己人」的時候，就是他對你下毒手的時候。

練習保護自己

一、識破假相，最重要的一點就是要提高警覺。否則，對方就會利用你的弱點，把你打倒，到那個時候，後悔就晚了。

二、俗話說得好：害人之心不可有，防人之心不可無。面對紛繁複雜的世界，多個心眼沒壞處。

8、多一個朋友就是少一個敵人

生存智典

招人嫉妒是笨蛋才會做的事

如果你要得到仇人，就表現得比你的朋友優越吧；如果你要得到朋友，就要讓你的朋友表現得比你優越。

※用故事看人性

乾隆改錯（「小缺點」比「表現完美」更加迷人）

清朝刊印二十四史時，乾隆非常重視，常常親自校核，每校出一件差錯來，就會覺得好像做了一件了不起的事，心中很是痛快。

和珅和其他大臣，為了迎合乾隆的這種心理，就在抄寫給乾隆看的書稿中，故意在明顯的地方抄錯幾個字，以便讓乾隆校正。這是一個很妙的方法，因為這樣做可以顯示出乾隆的學問高深，比當面奉承他，能收到更好的效果。

和珅工於心計，頭腦機敏，善於捕捉乾隆的心思，總是選取恰當的方式，搏取乾隆的歡心。他還對乾隆的性情喜好、生活習慣進行細心觀察和深入研究，尤其是對乾隆的脾氣、愛憎等等瞭若指掌。

往往是乾隆想要什麼，不用等乾隆開口，他就想到了，有些乾隆未考慮到的，他也安排得很好，因此，他很受到乾隆的寵愛。

別人比你更需要優越感

有這樣一種人，他雖然思路敏捷，口若懸河，但一說話就令人感到狂妄，因此別人很難接受他的任何觀點或建議。

這種人喜歡表現自己，總想讓別人知道自己很有能力，處處想顯示自己的優越感，從而能獲得他人的敬佩和認可，但結果卻往往適得其反，失掉了在別人心目中的威信。

事實上，那些謙卑為懷，偶爾犯點小錯讓別人可以挑剔的人，總能在無形中贏得更多的朋友，相反的，那些妄自尊大、高估自己、小看別人的人，總會引起別人的反感，最終在交往中使自己走到孤立無援的地步。

練習保護自己

一、在交往中，任何人都希望得到別人的肯定性評價，都在不自覺地強烈維護著自己的形象和尊嚴，因此，如果你不想處處樹立敵人，那麼就試著在別人面前「狗腿」一點吧！

二、如果你和對方談話過分地顯示出高人一等的優越感，那麼就會在無形之中輕視和挑戰他的自尊和自信，甚至會引起對方對你的排斥、反感和敵意，由此可見，「取悅於人」是獲得生存機會的重要手段。

9、改變環境不如改變自己

生存智典

懂得隨風搖曳的樹，才有辦法生生不息

當環境惡劣到危及我們生存的時候，我們除了想辦法改善環境，更重要的是必須想辦法改變自己，因為，有時候改變自己比改變環境要來的快速，來的有效。

※用故事看人性

森林裏的變色蜥蜴（如果不能夠改變世界，那麼就改變自己）

森林裏，住著三隻蜥蜴。其中一隻看到自己的身體和周圍的環境大不相同，便對另外兩隻蜥蜴說：「我們住在這裡實在太不安全了，要想辦法改變環境才可以。」說完，這隻蜥蜴便開始搬土塊、折樹葉，大興土木了起來。

另一隻蜥蜴看了說：「這樣太麻煩了，環境有時不是我們能改變的，不如我們另外找一個地方生活。」

說完，牠便拎起包袱走了。

第三隻蜥蜴，也看了看四周，問說：「為什麼一定要改變環境來適應我們，為什麼不能改變自己來適應環境呢？」

說完，牠便藉著陽光和陰影，慢慢改變自己的膚色，不一會兒，就漸漸在樹幹上隱沒了。

「抱」著「怨」，只會讓壓力越來越重

每個人都生存在競爭激烈的社會環境中，不同的人有不同適應環境的方法，有的人主動改變環境，有的人主動改變自己去適應環境，但有的人卻會選擇逃離環境。

然而，選擇逃離環境的人，大都是遇事不敢面對，喜歡抱怨東抱怨西，說這說那的人，但這並不是正確的人生態度。

抱怨一般有三種：一種是工作上的抱怨，如抱怨上司不公平、待遇不佳、工作太多、同事不合作等；另一種是生活上的抱怨，如抱怨小孩不乖、身體不好等；還有一種是對社會的抱怨，總是憤世嫉俗，對不公平之事極度不滿。

其實，抱怨不僅會影響自己，也會影響他人的情緒，讓不明真相的人心裏產生波動，這會嚴重破壞週遭場所的氣氛，而且抱怨這種行為也必將受到指責。

因此，抱怨絕對不是好事，它非但不會為你的生活帶來正面效益，反而會帶來很多讓你始料未及的負面情事。

練習保護自己

一、現代人都生活在一種很大的壓力之中，有些時候遇到不順心的事情，雖然抱怨一下，可以讓自己的情緒得到紓解，有益於身體健康。但如果把抱怨經常化了，不僅會讓自己被負面情緒所困，也會讓別人對你不耐煩。

二、經常抱怨會變成一種習慣，遇到壓力或不如意之事，便先抱怨一番，這是最可怕的事。因此，與其整日抱怨，不如想辦法解決問題比較實際，也比較不會讓自己受到傷害。

10、天下沒有白吃的午餐

生存智典

人生沒有不勞而獲這件事
該吃的苦就要吃，該有的經歷一樣也跑不掉，只有依靠自己，不寄希望於外力，才能做出一番事業來。

※用故事看人性

吃「剩飯」的鬣狗（好吃懶做，終究會害了自己）

一隻鬣狗終日尾隨著獅子，當獅子獵到羚羊或鹿，飽餐之後，鬣狗便跑過去吃獅子留下的殘羹剩飯。

一隻蒼鷹盤旋在空中，牠見鬣狗日復一日地過著這樣的日子，不屑地對鬣狗說：「你也有尖利的牙齒，你也有強健的四肢，為什麼要吃獅子吃剩下的骨頭，不會自己去獵取肥美的羚羊呢？」

鬣狗回答說：「追趕迅疾的羚羊太累了，撕咬野鹿的皮太難了，我跟著獅子，日子過得不是也挺好的嗎？」

旱季來臨，許多動物都遷徙了。獅子獵到的食物越來越少，留給鬣狗的更少了。幾天以後，鬣狗為了獵到食物去追一隻兔子，但牠已經虛弱得不能完成追捕，後來，居然就因為追捕不到獵物，活生生餓死在草原上了。

激發以前沒用過的力量，才能開啟成功之門

科學家曾經觀察過兩組人，一組從童年開始生活就十分艱難，而另一組則生活優渥，衣食無虞。結果發現，那些真正飽受不幸的童年、壞運氣、病痛、貧困和缺乏正規教育之苦的人，後來都變得非常成功。

然而，那些從小家境優渥、教育優越、財力充足和身體健康的人，卻令人難以置信地把他們的生活搞得一團糟。

上述這個現象可以說明：如果依靠自己，貧窮的人也有出人頭地的一天；如果依靠他人，富足的人也會失去一切。

練習保護自己

一、在這個沒有人有義務一定要幫你的時代，千萬不能靠看別人的臉色吃飯，否則，一旦有一天別人不賞飯給自己吃了，自己也會因為長期依賴別人而喪失了謀生能力，最後的下場就只能以悲劇收場。

二、不要害怕遭遇困境，因為，一個人只有在困苦無靠的時候，才會激發自己以前沒有用到的力量，來克服自己遇到的困境。

11、創造自己被別人利用的價值

生存智典

小鼻子小眼睛的人，無法有大成就

當你有能力幫助別人的時候，必須不計任何回報傾盡全力幫助別人，因為這是唯一可以向別人證明你的存在價值，以及建立你在別人心中無可取代的地位。

※用故事看人性

不打鳴的公雞（心理不平衡，遲早會出局）

從前，一戶人家養了一隻公雞，為的是讓牠天天打鳴報曉。每天太陽還沒出來，這隻公雞就高聲叫道：「咕咕咕！咕咕咕！」

這樣叫了三次，天就亮了。村子裏的人們都開始起來洗漱吃飯，工作幹活。

公雞看到自己居然能夠讓這麼多人起床，就驕傲起來：「瞧啊，我把天空叫亮，我喊醒了人們，我的功勞這麼大，但受到的待遇卻這麼差！從明天開始，我不打鳴了，那樣的話，天就不會亮，人們也就不會醒，他們自然會知道我有多重要，以後就會把我當成寶貝供起來！」

第二天，公雞開始不打鳴，但是太陽照常升起。第三天也一樣，往後很多天都是這樣。公雞失望極了，原來不需要牠的鳴叫，太陽依然會升起、人們依然會起床，並且，牠發覺自己身上發生了變化，牠不知道怎麼打鳴了。

這一天，公雞的主人家來了客人。

主人說：「公雞不會打鳴，還不如殺了，煮來招待客人。」

公雞後悔極了，但已經來不及了。

不要以為別人沒有你就不行

由於，職業分工的不同，每個人都在自己不同的位置上，發揮著不同的職能，因此，並沒有誰比較重要或比較不重要的分別。

任何成大事的人，在不被重視的時候，總是能夠有一顆平衡的心，既不會因為自己得不到重視而失去自信，也不會因此而貶低他人。

如果一個人因過高地估計自己的貢獻，以至於過低地估計他人的能力，就很容易陷入自大無知的心理狀態，譬如看到別人的能力並沒有比自己優秀，但是收入卻比自己高，就會生出嫉妒和心理不平衡的心態。

有些自大過了頭的人，甚至還會以為朋友或是公司沒有自己就不行、就不能正常運作，因此，就開始擺譜、耍大牌，到最後落到被朋友列為拒絕往來戶、被公司資遣開除的命運。

練習保護自己

一、不要把自己所負責的工作，看得比別人重要而自以為了不起。如果在工作過程中驕傲自滿，甚至出現怠工現象，最後很有可能會被淘汰出局。

二、當你對別人還有「利用價值」的時候，必須好好珍惜，也就是由於你還有「利用價值」，別人才會在你最需要幫忙的時候，向你伸出援手，因為，別人會認為幫了對他有「利用價值」的你，也等於幫了自己。

12、生存是一場贏家說了就算的競賽

生存智典

誰是贏家，誰就是王道

在這個「適者生存、不適者淘汰」的社會，「遊戲規則」永遠都是贏家說了算。

※用故事看人性

狼與獅子搶羊（聰明人懂得讓別人替自己衝鋒陷陣）

有一次，狼偷偷摸摸地鑽進羊群中，趁著羊群不注意時叼走一隻小羊。

當牠叼著小羊，開開心心走在回家的路上，碰上了獅子。壯碩的獅子憑藉體型的威武，二話不說，立刻從狼的嘴巴裏把小羊給搶走。

吃了悶虧的狼，遠遠地站著，小聲地自言自語埋怨說：「這麼大的塊頭居然還搶我的東西，這太沒有天理了。」

沒想到，狼的喃喃自語卻被獅子聽見了，只見獅子回過頭笑著說：「既然小羊是你從羊群中搶來的，再被我搶走，不正是理所當然的事嗎？」

輸家永遠沒有抱怨贏家的權利

在這個「成者為王，敗者為寇」的世界，「遊戲規則」怎麼訂定，永遠都是勝者說了就算，換言之，在勝者的面前，失敗者並沒有對勝者的所作所為，說三道四的權利，因為，等到哪一天，你一旦成為勝利者，你也一樣會對手下敗將做出你現在認為「沒有天理」的事情。

因此，與其只會在那裡抱怨勝者怎麼會那麼蠻橫無理，還不如把這些抱怨的時間，用來累積日後自己成為勝者的實力。

練習保護自己

一、大多數人都習慣在不利的形勢面前，一味地怨天尤人，根本不去動腦筋想一想，怎麼樣才能夠扭轉這種不利自己的局勢？

二、當我們遇到比自己強大的人，想要搶奪自己好不容易才獲得的成果時，千萬不要因為捨不得，想要保住自己的成果，就硬是跟對方發生衝突，要知道：「留的青山在，不怕沒柴燒」的道理，更何況如果你一味地不想將自己的成果拱手讓人，因此讓自己受到傷害，甚至連自己的生命都搭進去，那就得不償失了。

13、你必須要有敢向「皇帝」嗆聲的勇氣

生存智典

如果是對的事，就應該捍衛到底

縮手縮腳、畏首畏尾，不敢堅持應該堅持的原則，是永遠得不到上位者對你的尊敬。

※用故事看人性

敢於直言的魏徵（無所畏懼，就算皇帝也會敬你三分）

玄武門之變後，有人向秦王李世民告狀說：「東宮有個官員，名叫魏徵，曾經勸說之

前的太子李建成殺害秦王。」

李世民聽了，立刻派人把魏徵找來。

魏徵見了李世民，李世民問：「你為什麼在我們兄弟中挑撥離間？」

魏徵不慌不忙地回答：「可惜那時候太子沒聽我的話，要不然，也不會發生這樣的事了。」

李世民見魏徵膽識過人，便沒有再為難他。後來，李世民即位以後，把魏徵提拔為諫議大夫。

魏徵對朝廷大事，都設想周到，有什麼意見也在唐太宗面前直說。唐太宗特別信任他，常常把他召進內宮，聽取他的意見。

因為，魏徵敢於直言，使得他名垂青史，為後人所稱讚。

堅持原則，就能無所畏懼

通常，位居上位的人都希望自己的屬下跟自己說真話，但諷刺的是，一旦屬下真的跟自己說「真話」，能夠有那個胸襟聽進去的人，卻寥如晨星。

然而，這也造就了上司喜歡聽下屬說很像真話的假話的謬誤現象，因此，敢直接跟李世民說真話的魏徵，才能夠一直被後人稱道。

孟子認為，無論環境多麼惡劣，都必須把惡劣的環境當做磨礪自己的手段，讓自己達到「富貴不能淫，貧賤不能移，威武不能屈」的境界。

也就是寧可犧牲生命，也不可放棄做人的原則。這樣一來，才可以培養出一種無所畏懼的「浩然之氣」。

練習保護自己

一、想做出一番事業，就一定要有膽識，有敢於承擔風險的無畏精神，千萬不能畏於權勢就放棄自己的原則，因為，如此一來，反而會讓自己成為權勢者開刀的對象，而且，永遠也邁不出成功之路的第一步。

二、如果自己認為對的事情，就應該堅持到底，千萬不要畏於權勢，而輕易向權勢者低頭，因為，如此一來，只會讓權勢者更加地看不起你，更加地認為你毫無可用之處。

14、為了活下去，你必須不擇手段

生存智典

山不轉路轉，路不轉腦袋轉

在走投無路，為了活下去的情況下，即便撒旦也會唸起聖經來自保。

※用故事看人性

詐死的狼（你不詐死，就只剩死路一條）

有一隻狼被人們捉住，人們想出了一個懲治牠的辦法，也就是在狼的脖子上綁了一串銅鈴，然後，將牠放回山林。

人們認為當這隻狼回到狼群之後，會因為奇怪的鈴聲被攆出狼群，當牠獨自去捕獵的時候，也會因為鈴聲而驚走獵物，最後只能被活活餓死。

果真，一年後，一個村民在一塊石頭上發現了一隻血跡斑斑的狼，脖子繫著一串銅鈴，雙眼緊閉，舌尖露在外面，像是從山崖上摔死的。

一隻禿鷹飛到狼的身上觀察著牠，準備撕咬狼肉。

猛然間，狼睜開了雙眼，以迅雷不及掩耳之勢，一口咬住了禿鷹的脖子。

原來，狼在萬般無奈之下，學會了詐死，以便誘殺獵物。

你不詐人，人就詐你

在現實生活中，當我們被逼到走投無路的時候，為了活下去，往往也都會做出像前述故事中那隻用詐死來誘殺獵物的狼一樣的行徑。

其實，在這個「你不詐人，人就詐你」的人性叢林中，所有的「爾虞我詐」都會在為了生存下去的前提下，獲得一張「合理化」的執照。

因此，千萬不要抱怨人心太過於險惡，因為，每個耍奸弄詐的人，都只不過是想讓自己在這個吃人不吐骨頭的人性叢林裏可以存活下來，就像前述故事那隻脖子被綁上銅鈴的狼，不惜詐死，只為了餬一口飯吃一樣。

練習保護自己

一、或許，你對那些爾虞我詐的行徑很不以為然，但是這些讓你非常不屑的卑劣行為，往往能夠在你「山窮水盡」的關鍵時候，救你一命。

二、有些見不了光的「生存惡智慧」，雖然不怎麼「健康」，不怎麼光明磊落，但卻是在這個充滿算計充滿權謀的人性社會，不得不具備的厚黑智慧。

15、時刻保持饑餓感，才有緊咬目標的決心和毅力

生存智典

強烈渴望成功是最終取得成功的必要條件

渴望不是一躍千里的衝勁，而是每天能夠前進一步，直到完成夢想的堅韌力量。

※用故事看人性

餓狼（想要繼續生存就永遠不能覺得滿足）

一隻小狼在被捕獲的獵物面前貪婪地吃起來，結果還沒有吃飽就被狼媽媽從獵物旁趕

走了。

小狼不解地問：「我的肚子還沒飽，為什麼不讓我吃東西？」

狼媽媽說：「如果吃得太飽，下一次出擊時，就會減緩速度，降低了捕獵的成功率，為了更好的生存，我們必須隨時保持饑餓感。」

像「餓狼」一樣勇猛行動

雖然讓人覺得意外，但世界上真的有許多人忙了大半輩子，到頭來卻「一無所有」，原因是他們太容易感覺到滿足。要知道，想要「達成夢想」的第一個決定性心態，就是絕對不可以滿足於目前的成就，也就是只有永遠對現狀保持一種不滿足的「飢餓感」，才可以幫助你不斷創下一個又一個的里程碑。其實，人生是一個漫長的生存競爭，在這個生存競爭中，只有時刻保持「饑餓感」，才會督促自己不斷地採取行動。

因為，工作的時候保持「饑餓感」，可以更快地超越競爭對手；戀愛的時候保持「饑餓感」，可以永遠給另一半充滿幸福快樂的驚喜；生活中，保持「饑餓感」，可以增加生活樂趣的追求。當然，僅有「饑餓感」是遠遠不夠的，你還必須擁有較好的「消化功能」，也就是不僅能吃得下，而且還能在較短的時間裏，把它化為自己的東西，轉變成自己前進的強大力量。

練習保護自己

一、蘋果電腦前董事長賈伯斯曾經勉勵年輕人必須「隨時保持飢餓感」，飢餓感包括生理的飢餓、還有知識的飢餓，後者尤其重要，因為，唯有保持對知識的飢渴，才有不斷吸收成長知識的動能，讓自己更具競爭力。

二、「飢餓感」對於我們來說很重要，它可以說是快樂的源頭，沒有了「饑餓感」，人就容易滿足現狀，以及回憶過去，讓自己沉溺在自怨自艾裏。

三、只有擁有「飢餓感」，才能理解到自己要追求的目標一直都在遠方，只要你的心夠大，才能獲得比現在的更多。

16、人生沒有危機，只有轉機

生存智典

小心的計畫，大膽的實踐

無法把危機轉化成機會，那就永遠都沒有出頭的一天。

※用故事看人性

魯人的逆向思考（想要摘山崖上的鮮花，就不要害怕跌倒）

魯國有一個人很會編草鞋，他的妻子也很會織白綢，夫妻兩人想搬到越國去。

有人對這個魯國人說：「你們夫妻到越國去一定會變窮。」

那魯國人問：「為什麼呢？」

這個人回答說：「做鞋是為了給人穿的，但是越國人卻習慣打赤腳走路；織白綢是做帽子用的，但是越國人喜歡披散著頭髮，不戴帽子。如果你們跑到用不著你們專長的國家去，要想不窮都很困難？」

魯國人笑了笑說：「那是以前，現在就不同了。自從越國打敗吳國，成為新的霸主以後，越國人的觀念開始發生了變化。他們認為赤腳不雅觀，認為披頭散髮不文明，我們現在去可正是時候啊！」

果然，魯國人到了越國以後，他做的鞋子和妻子做的帽子大受當地人的歡迎。

挑戰眾人口中的「不可能」

有許多人似乎已經習慣躺在床上過一輩子，他們從來不願冒險，不管是在生活中，還是在事業上。

有一句老話說：「一個人不懂得悲傷，就不可能懂得歡樂。」同樣，我們也可以說：「沒有冒險的生活，毫無任何意義。」

因為，每個人的每一天都面臨著冒險，除非我們永遠紮根在一個點上，原地不動。殊不見，當我們橫穿馬路的時候，實際上總是有被車撞到的危險；當我們在海裏游泳的時候，也同樣有著被捲入激流或漩渦的危險。

因此，我們不該因為害怕失敗，而寧願保持現狀，不敢去挑戰眾人口中「一定會失敗的事」，要知道只有勇於走上未知路徑的人，才能見到無人見過的美麗秘境。

練習保護自己

一、無論在事業或生活的哪個方面，你都應該去嘗試、去冒險，走在別人的前面，不要等到別人走在你前面的時候，再來後悔莫及。

二、只要自己認為對的，去做就對了，千萬不要管別人跟你說什麼，因為有時候，別人或許是見不得你好，才會想盡辦法阻止你成功。

17、讓過去成為過去

生存智典

為過去的事情悲傷，只是沒事找事做

在失敗的時候，最重要的是找到一個新的起點，重新開始，繼續前行。

※用故事看人性

別把壞掉的砂鍋背在身上（把回顧失敗的精力用來前進）

一名少年背負砂鍋前行，不小心繩子斷了，砂鍋掉在地上摔碎，但是，少年頭也不回繼續前行。

有人攔住少年問：「年輕人，你不知道你肩膀上的砂鍋掉了嗎？砂鍋都已經碎了，幹嘛不回頭看看？」

少年說：「既然都已經碎了，回頭又有什麼用？」

說罷！少年又繼續趕路。

坦然接受「生米煮成熟飯」的事實

某個偏僻鄉村有一對清貧的老夫婦，有一天他們想把家中唯一值點錢的一匹老馬拉到市場上去換點更有用的東西。老頭子牽著老馬去趕集了，他先與人換得一頭母牛，又用母牛去換了一隻羊，再用羊換來一隻肥鵝，又把肥鵝換了母雞，最後用母雞換了一麻袋的爛蘋果。

當他扛著大麻袋來到一家小吃店歇息時，遇到一個商人。閒聊中他談了自己趕集的經過，商人聽後哈哈大笑，說他回去一定會挨他老婆子一頓揍。

老頭子堅稱絕對不會，商人就用一條黃金和老頭子打賭，然後，他就和老頭子一起回家。

老太婆見老頭子回來了，非常高興，她興奮地聽著老頭子講趕集的經過。每聽到自己的老伴說用一種東西換了另一種東西時，她都充滿了對老頭子的欽佩。她嘴裏不時地說著：「哦，我們有牛奶了！」、「羊奶也同樣好喝！」、「哦，鵝毛多漂亮！」、「哦，我們有雞蛋吃了！」……

最後聽到老頭子背回一袋已經開始腐爛的蘋果時，她同樣不慍不惱的大聲說：「我們今晚就可以吃到蘋果餡餅了！」

當商人問老太婆：「妳的老伴可是用一匹老馬換回來一袋爛蘋果耶，妳為什麼不生氣？」豈知，老太婆卻回答說：「生米既然已經煮成熟飯，再如何生氣，它也不會變回生米。」結果，商人輸掉了一條黃金。

練習保護自己

一、人生的失敗大多是無法挽回的，越想補償、越不甘心就越痛苦，況且，失敗就像破碎的瓷器，像潑出的水，再怎麼也不可能回復到原來的樣子。

二、從前述老頭子的故事中我們可以領悟到：不要為失去的一匹馬而惋惜或埋怨生活，既然換回一袋爛蘋果已經是事實，那麼就用來做一些蘋果餡餅吧！何必將自己的人生浪費在永遠也無法改變的事實上面。

18、反向思考，走跟別人不一樣的路

生存智典

換個角度看，才能柳暗花明又一村

所謂的思考不是深思熟慮，而是要讓自己想的跟所有人都不一樣。

※用故事看人性

貧窮不是最可怕的（可怕的是只用一種角度看事情）

有個年輕人為貧窮所困擾，便向一位智者請教。

智者問：「你為什麼失意呢？」

年輕人說：「我總是這樣窮困潦倒。」

「你怎麼能說自己窮呢？你還這麼年輕。」

「年輕又不能當飯吃。」年輕人回答說。

智者笑一笑說：「那麼，給你一百萬元，讓你癱瘓在床，你要嗎？」

「不要。」年輕人回說。

「把全世界的財富都給你，但你必須現在死去，你願意嗎？」

「我都死了，要全世界的財富幹什麼？」年輕人答說。

智者說：「這就對了，你現在這麼年輕，生命力這麼旺盛，就等於擁有全世界最寶貴的財富，又怎能說自己窮呢？」

年輕人一聽，又找回了對生活的信心。

障礙也是一種另類的機遇

美國心理學家艾里斯，曾提出一個叫「情緒困擾」的理論。

他認為，引起人們情緒結果的因素不是事件本身，而是個人的信念。

所以，許多在現實中遭遇挫折的人，往往認為「自己一無所有」、「自己怎麼會這麼窮」……。這些其實都是個人的片面認識和解釋，然而，正是這種認識才產生了情緒的困擾。

因為，人們的煩惱和失意，常常與自己的情緒有關，以及和自己看問題的角度有關。能否戰勝挫折，關鍵在於任何情況下都不被一時的失意和煩惱左右，永遠懷著希望和信心，如此，就能從逆境和災難中解脫出來。要知道，任何事情都不是絕對的，就看你怎麼去對待它。

從某個層面上講，一個障礙就是一個新的已知條件，換個角度思考，「障礙」又何嘗不是一個堅固的墊腳石，只要善用它，就可以幫助自己踏上成功之路。

換言之，只要我們懂得換個角度看到困境的正面價值時，就能夠把不幸變成幸福，把現實的貧窮變成心靈的富有。

練習保護自己

一、面對同樣的困境，如何看待它，往往也反映了每個人的不同心態。這就如同來到玫瑰花園的兩個女孩：樂觀的女孩看到的是「每株刺上都有花」，悲觀的女孩看到的是「每株花上都有刺」。

二、人生總會有不順心的時候，今天工作順遂得意的你，明天也許就會被淘汰，但你必須想得開，只要相信人生可以自我調整，進而換個角度重新審視自己的生活，就能走出人生的低谷，再攀人生的高峰。

19、輸贏並不在於強弱，而在於能力有沒有地方發揮

生存智典

不要為一時失意而灰心喪志

當我們的人生變得黯淡時，千萬不要慌張，因為，越暗的地方，越能清楚地見到光亮。

※用故事看人性

馬、猴子和山羊，哪個厲害（我們並不是陷入困境，只是還沒找到發揮的舞台）

一匹馬流落到深山中，結識了一隻猴子和一隻山羊。由於，深山中樹林茂密，因此，

個頭高大的馬，好幾次被藤蔓纏住，甚至有幾次差點摔下懸崖。

猴子和山羊見狀，都嘲笑牠，說牠個頭雖大，但沒什麼本領。

然而，馬為了找到一小片草地，不得不麻煩山羊為牠探路；為了吃到樹葉，不得不求猴子幫牠的忙。猴子和山羊雖暗中取笑牠，但牠們畢竟是善良的，還是熱心地為馬解決遇到的難題。

一天夜裏，有幾頭狼前來偷襲，猴子幾乎被逼到了狼爪下，只見馬高聲嘶鳴，讓猴子爬到自己的背上，然後與山羊一起衝出重圍。

而當狼快要抓到速度不快的山羊時，馬用後腿往後一踢把狼給踢飛出去，讓受傷的狼只好夾著尾巴，知難退去。

相信自己一定可以做的到

每個人的潛能是無限的，關鍵是要找到一個能充分發揮潛能的舞台。只是，尋找舞台的路途總是漫長又艱辛，因此，當我們還沒找到可以發揮自己專長的舞台，免不了會被看不起自己的人冷嘲熱諷，但切勿因此就灰心喪氣，一蹶不振。要知道，人生之路並不是一條坦途，獲得幸福的道路，也不可能那麼暢通無阻。

俄國十九世紀的偉大思想家車爾尼雪夫斯基認為，歷史的道路不是涅瓦大街上寬闊筆直的人行道，它完全是在田野中前進，有時穿過塵埃，有時踏過泥濘，有時橫渡沼澤，有時越過叢林。

一位商界人士說：「我從小到大都不是一個品學兼優的孩子，但我從不因此就放棄自己，凡是遇到困難、挫折，我就告訴自己，要樂觀點，明天就會好的。有些人碰到失敗就認定自己的能力不足，認為自己注定一生都是一個失敗者。這種妄自菲薄的消極觀念，只會限制你原本未發揮的潛能，以及成為你成功的絆腳石。」

練習保護自己

一、心靈作家丹尼爾・施瓦茲曾經寫道：「人即使身處逆境也要時時覺得自己很幸運，因為，把全副注意力集中在錯誤的事情上，並不能解決問題。」

二、當你願意相信自己的時候，就可以抵擋低潮時的失意，無論什麼事情都應該嘗試一下，這樣一來，成功的機率就會大得多。

20、關鍵是如何從保護自己的「繭」衝出去

生存智典

敢衝才有希望

很多時候，不是因為困難我們才不敢去做，而是因為我們不敢去做，事情才會變得困難。

※用故事看人性

毛毛蟲怎樣成為蝴蝶（跨出自己的舒適圈）

有一天，毛毛蟲問蝴蝶：「你的翅膀好大好美啊，我要怎樣才能跟你一樣變成一隻蝴

蝶？」

蝴蝶說：「要成為蝴蝶，首先要有飛翔的渴望，其次要有勇氣衝出束縛你的安全、溫暖的繭。」

「可是，繭是用來保護我的啊，要是衝出繭，那不就是死亡嗎？」

蝴蝶語重心長地說：「表面看是死亡，實際上是新生。在現實生活中，這就是差別。有的毛毛蟲就是因為不敢冒險從繭衝出來，一心只想躲在繭裏逃避，所以最後反而在繭裏窒息而死。」

命掌握在自己手中

第二次世界大戰之後不久，席第先生進入美國郵政局的海關工作。他很喜歡他的工作，但五年之後，他對於工作上的種種限制—固定呆板的上下班時間、微薄的薪水以及靠年資升遷等等的制度，越來越不滿。

於是，有一天，他突然靈機一動，想出了一個好主意。他心想既然自己已經學到許多貿易商所應具備的專業知識，那為什麼不自己做禮品生意呢？

但是，自從他想創業以來，已經過了十年，直到今天，他依然規規矩矩地在海關上班。

為什麼呢？

因為，每一次他想跳出去的時候，總有一些意外事情讓他停止，例如資金不夠、經濟不景氣等等。

也就是在這十年來，他一直想等所有創業的條件全部俱備之後再行動，結果卻使自己的理想變成了空想。

練習保護自己

一、偉人和庸人的區別是：庸人有了不滿，只知道呆坐呻吟，對眼前的困境感到害怕，偉人則努力改造環境，突破困境。

二、說實在的，世上確實有很多不公平的事，有很多值得埋怨的事。但是，如果我們回過頭來想想，世上根本不可能會有十全十美的事。因此，重要的不是抱怨不完美，而是想辦法創造完美；不是只甘於在自己的舒適圈中享樂，而是要勇敢地離開舒適圈，然後，在冒險的過程中獲得更大的樂趣。

21、有準備才能成功射中準心

生存智典

永遠做好起飛的準備

要想不錯過稍縱即逝的機會，必須練就一身能迅速抓住機會的本領。否則，即使與機會迎面相逢，也會白白地錯過。

※用故事看人性

兩隻雉雞的心態（多幾分鐘的準備，少好幾年的後悔）

金尾雉雞和紅尾雉雞，一同出生在一個巢裏，又被同一個獵人捉住，關進同一個籠子裏。

而關注牠們的籠子，雖然小得可憐，但卻可以享受各種美味的大餐。因此，紅尾雉雞飽食終日，身體養得臃腫不堪。

金尾雉雞卻規勸牠說：「咱們都是鳥類，是鳥類就應該學會飛行的本領啊！」

「飛行？」紅尾雉雞嘲笑金尾雉雞，「關在籠子裏，你是想飛去哪？還是趁早死了這條心吧！」

金尾雉雞無奈地搖搖頭，依然每天堅持在籠中操習飛行動作，把一雙翅膀練得強勁有力。

有一天，一個小孩子把籠子打開了，金尾雉雞憑著一對強勁有力的翅膀，迅速衝出籠子，飛回了山林；而紅尾雉雞想飛卻飛不動，仍被關在籠子之中。

隨時做好準備，隨時準備戰鬥

世界上許多成功人士都有一個共同點，那就是他們都是獨步世界的人，他們擁有與眾不同的性格，他們在任何時候都會做好準備，也就是說這些成功人士，平時絕對不會好逸惡勞，而是會隨時隨地準備戰鬥。

當別人問英國著名作家狄更斯成功的秘訣時，他說：「我這一生不管做什麼，都是拚盡全力。」這是贏家和失敗者的不同之處。失敗者做別人要求他們做的事，甚至什麼事都不做，但贏家總是做得比別人要求的還要多，準備的時間也更多。

英國偉大的劇作家蕭伯納說：「我相信我的生命屬於全人類，我工作得越辛苦，活得就越有勁。生命對我而言，不是一根短暫的蠟燭，它是一支壯觀的火炬，我要讓它大放光明。」

練習保護自己

一、失敗者認為他在做一件工作，贏家則認為工作是人生的一部分，而人生做的好與壞是他們對自己必須承擔的責任，所以，他們時時刻刻繃緊神經，時時刻刻為人生做好準備。

二、沒有準備，就沒有成功；沒有奮鬥，就沒有成就；沒有一份執著之心，機會就會離你遠去，這是保護自己，讓自己不會失敗的必備心態。

22、不要走別人曾經走過的路

生存智典

獨立思考就能讓風險最小化

在通往成功的路途中，一定要學會獨立思考，而不是盲目跟隨潮流。針對所面臨的各種不利因素，及時準確地採取一些應急措施，才能避免風險和陷阱。

※用故事看人性

陷入沼澤地的人們（跟大家走不同的方向，才能找到沒人走過的路）

一個人要穿過一片沼澤地，因為沒有路，便試探著走，雖很艱險，但他左跨右跳，竟也能找出一段路來。但好景不長，沒走多遠，就不小心一腳踏進爛泥裏，沉了下去。

沒過多久，有另外一個人要穿過沼澤地，看到前人的腳印，便想：這一定是有人走過，沿著別人的腳印走一定不會有錯。用腳試著踏去，果然實實在在，於是便放心走下去，但最終他也一腳踏空沉入了爛泥。之後，又有一個人要穿過沼澤地。看著前面兩人的腳印，想都未想便沿著腳印走了下去，他的命運也是可想而知的。

最後，又來了一個想穿過沼澤地的人，看著前面眾人的腳印，心想：這必定是一條通往沼澤地那頭的大道，看，已有這麼多腳印了。

但他再專心一看，發現這些腳印都是有去無回，這才發現那些想穿過沼澤地的人，沒有一個回來過。於是，他大踏步地轉身，終於找到一個能夠安全繞過沼澤地的新道路。

獨立思考、實事求是

人的思維有個明顯的缺點，就是認為大多數人怎樣做，我就應該怎樣做，別人做的一定有道理。

這導致很多人喜歡隨潮流和跟風。有時明知跟著別人做不對，但一想「法不責眾」，也就「身不由己」地跟著走了。

這種惰性思維害了相當多的人，但是還是有很多人「前仆後繼」。然而，想要改掉這種惰性思維，你需要給自己動一次大的心理手術。

首先，你應該仔細分析你堅持的見解，是否為你所充分理解，如果只是一知半解，那就是跟風的表現。

其次，你應該學會獨立地做出決定，不要總是期望從傳統習俗或規定中找到前人用過的方法。一個獨立做決定的人，是不需要按別人規定的規則去行事的。

另外，不要迷信專家和權威。權威的意見也許是對的，但你不能不假思索地接受，而且，權威的意見也不可能全部對，你應該透過自己的思索發現權威的缺點，讓自己堅持於對的事，而不是被權威的錯誤見解牽著鼻子走。

練習保護自己

一、創造性思維的充分發展需要你拋棄過去的習慣，因為，過去的習慣，或許讓你覺得熟悉覺得安全，但卻會讓你無法創新，甚至會讓你陷於過去習慣所造成的失敗泥沼之中。

二、只要你善於揚棄過去的經驗，你不僅可以成為頭腦靈活、富有創造力的人，而且，還可以走出一條別人沒有走過的路。

23、有一種智慧叫變通

生存智典

不要成為經驗的奴隸

當你在沿用或模仿任何經驗的時候，一定不要忘了防範所有可能會出現的風險，經驗在多數時候是正確的，但並不是永遠正確。

※用故事看人性

偷麥子的老鼠（不懂得隨機應變就會死於安樂）

一隻饑餓的老鼠出門尋找食物。找尋了半天，老鼠終於發現一缸裝滿顆粒飽滿麥子的麥缸，牠感到非常驚喜，急急忙忙爬上裝滿糧食的大缸，開開心心的在麥堆裏飽餐了一頓。

老鼠吃飽後，愉快地哼著小曲回到了家，這隻老鼠認為自己從此遇上了好運，今後再也不用四處辛苦地尋找食物，以及不會因為找不到食物而忍饑挨餓了。

但就在老鼠第二次爬上同一個麥缸的時候，一隻張開了巨大鐵嘴的捕鼠夾正在等著牠……伴隨著一聲淒厲的慘叫，這隻老鼠飽餐一頓的美夢和牠的性命一起毀滅了。

然而，這隻老鼠會慘死在捕鼠夾的原因，就是只會一味地複製自己的「成功經驗」，不懂得靈活思考和隨機應變，也就是牠總以為第一次可以安然無恙地在麥缸飽餐一頓，第二次應該也可以安全過關，因此才會讓自己喪命於捕鼠夾之下。

靈活應變，用迂迴的方式解決問題

有這樣一個故事，法國的雷諾汽車銷售到日本，日本人要求逐一檢查每輛車。反之，日本的豐田等汽車銷售到法國時，法國人只要求抽樣檢查。

不用多說，這樣做對法國顯然有欠公平。然而，法國前總統密特朗並未對此提出抱怨，而是要求對日本輸入的錄影機一一檢查，並且限定一律由法國南部某港口進入，又指派兩名動作緩慢的海關官員徹底檢查。

沒多久，碼頭上的日本錄影機就堆積如山了。日本政府很快認識到了問題所在，經過簡單的協調，雙方都改進了自己的做法。

法、日雙方並沒有爭吵不休，媒體也沒有大做文章，法國人靈活地運用迂迴手段，堅守住自己的立場，日本人也能隨機應變，最終雙方實現了雙贏。

練習保護自己

一、很多人總是過著墨守陳規的日子，幾十年不變。這種人在生存競爭中不僅很難成功，而且還會跟前述故事中的那隻老鼠，死在自己過去的「成功經驗」之中。

二、只有善於變通的人，才能夠給自己的生活帶來新的轉機。一個懂得變通的人，可以靈活運用一切他所知的事物，還可巧妙地運用他並不瞭解的事物，也就是能在恰當的時間內把應做的事情處理好，這不只是變通而已，也可稱之為智慧。

24、「有眼不識泰山」，會讓你抱憾終生

生存智典

如果擁有看見機遇的眼光，就能抓住所有的機遇

機遇往往都是瞬間出現，而又瞬間消失，懂得看見機遇的人，往往會成為最後的成功者。

※用故事看人性

看不見時機的年輕人（要想看見機遇，要先把眼睛擦亮）

有一個剛剛創業的年輕人在遭受了幾次挫折後，有點灰心了。他茫然地依靠在一塊大

石頭上，懶洋洋地曬著太陽，這時從遠處走來了一個相貌醜陋的怪物。

「年輕人，你在做什麼？」怪物問。

「我在這裡等待時機。」年輕人回答。

「等待時機？哈哈哈……時機是什麼，你知道嗎？」

「不知道，不過，聽說時機是個神奇的東西，它只要來到你身邊，你就會走運……」

「嘿，你連時機長什麼樣都不知道，還等什麼時機？快點跟我走吧，別再傻等了。」

怪物說。

「去去去，到旁邊去。」年輕人很不耐煩地說：「我才不會跟你走！」

怪物聞言，嘆息地離去。

一會兒，一個老人來到年輕人面前問：「你抓住它了嗎？」

「抓住什麼？」年輕人問。

「時機呀！剛才的那個怪物就是時機呀！」

年輕人聽了之後，後悔莫及。

「視」機而動

上天始終是公正的，它會公平地分給每個人一些大大小小的機遇，有些人善於把握機遇，成為了成功者，而有些人卻不在乎每一次的機遇，最終一事無成。

沒有掌握到機遇的投資者，總是在不斷地「買入賣出」中，消耗自己的體能和金錢，甚至消耗自己的信心。

只要看過動物頻道的人，都知道狼在冰天雪地裏等待經過的羊群，要付出最堅強的勇氣和耐心，那些快速奔跑的羊出現了，但絕對不是最好的機會。直到那隻既老又笨且肥的羊出現在很近的距離的時候，狼這才躍身而起，抓住等待換來的美餐。

這一條狼的道理告訴我們，眼光比耐心、信心更為重要。信心是投資的動機，耐心才能兌現機會，獲取收益，而眼光能讓你抓到獲利的那一瞬間，絕不錯過。

練習保護自己

一、當出現有利的情勢、環境和條件，人們只要善於利用，就能取得成功。

二、有時候，只能看到時勢變化的趨勢，但卻沒有現成的有利條件和機會。這個時候，就要根據時勢的變化趨勢，創造成功的條件和機會，不能消極被動地坐等時機。

25、苦幹實幹的人，不一定會成功

生存智典

從關鍵處下手

遇到任何事情，都要有從主要問題下手的習慣，即從關鍵處下手，避開枝微末節，找對問題的根源，這樣才能事半功倍。

※用故事看人性

蜘蛛修網（別只會矇著頭苦幹實幹）

一座破舊的廟裏住著兩隻蜘蛛，一隻在屋簷下，一隻在佛龕上。

一天，舊廟的屋頂塌掉了，幸運的是，兩隻蜘蛛沒有受傷，牠們依然在自己的地盤上忙碌地編織起蜘蛛網。

沒過幾天，佛龕上的蜘蛛發現自己的網，總是被搞破，也就是只要一隻小鳥飛過，一小陣風刮起，都會讓牠忙著修補上半天。

於是，牠就去問屋簷下的蜘蛛：「我們的絲沒有區別，工作的地方也沒有改變，為什麼我的網總是會破，而你的網卻沒事呢？」

屋簷下的蜘蛛笑著說：「難道你沒有發現我們頭上的屋頂已經沒有了嗎？」

先找到問題的關鍵，再動手去做

每一天我們都在忙，每一天我們所做的事情好像都很重要，可是我們並沒有得到自己想要的結果。這是什麼原因呢？

一個很重要的原因是：我們所做的都只是一些枝微末節的事情，而真正重要的關鍵卻始終沒有抓到，就像前述故事那隻在佛龕上織網的蜘蛛，只顧著埋頭織網，卻忘記抬起頭來看看用來遮風避雨，可以保護牠所織的網的屋頂早已塌掉！

這又好像往一個瓶子裏面裝東西，要裝的東西既有鵝卵石、碎石子，也有沙子，還有水。那麼要怎樣裝才能裝得更多呢？如果你先裝沙子，或者碎石子，那麼你還有機會把鵝卵石也裝進去嗎？

所以，正確的裝法應是先裝鵝卵石，接著裝碎石子，再接著裝沙子，最後裝水，而這才是可以裝得更多的關鍵。

練習保護自己

一、抓住關鍵時刻的一分一秒，勝過閒散時間的一月一年。

二、如果我們先做許多瑣碎的事情，那就會將自己的有限精力分散，最後也就沒有時間和精力來做那些真正重要的事情了。

26、只有死魚，才會隨波逐流

生存智典

有主見是自信的表現

當一個人的行動完全取決於別人的看法時，他就會失去自我，成為別人意願的奴隸。

※用故事看人性

越改越糟的風景畫（十個評論家也畫不出一幅畢卡索）

大象畫家畫好了一幅風景畫，牠打算先邀請牠的朋友們提提建議。鑒賞家們陸續都到了，首先發言的是有名的評論家鱷魚：「老兄，我覺得畫得很不錯，可惜的是怎麼沒有尼羅河呀？」

海豹接著說：「我說呀，沒有尼羅河還沒有關係，可是我怎麼沒有看出哪裡是雪，哪裏是冰呀？」

一直沒吭聲的豬終於也開口了：「畫得不錯呀，但從我的觀點來看，上面應該畫些大白菜。」

聽完所有這些意見，大象十分謙遜地一一接受了。牠拿起了畫板重新動手，用畫筆滿足所有朋友的要求。牠畫上了尼羅河、冰天雪地、大白菜。

經過了修改後，大象再次邀請朋友們來觀摩。出乎大象意料之外的是，大家的意見都是：「這畫的是什麼東西呀，亂七八糟。」

千萬不要人云亦云

人的認識能力是有限的，善於聽取他人的建議，是使事情接近完美所應具有的必要素質。涉世未深的年輕人，為了得到自己所屬圈子的認同，無論是穿著、行動、言談或思考模式，都盡量和周圍人士取向一致，但到最後卻失去自我。

大象畫家也是這樣，雖然牠很想得到身邊所有人的認同，但是，如果因此極端迎合他人的意見，而抹殺了自己的風格，就非常不明智了。

練習保護自己

一、要堅持自己的主見，不隨波逐流，不是一件容易的事情。當我們不隨便遷就一項普遍認可原則，或堅持一項不被大家支持的事情，就更不容易了，但問題是，只有死魚，才會隨波逐流。

二、普林斯頓大學校長達斯在畢業生典禮上，曾經發表過這麼一段演講：無論人們受到多大的壓力，使他不得已改變自己去順應環境，但只要他是個具有獨立個性、氣質的人，就會發現無論他如何盡力想用理性的方法向環境投降，他仍不會失去自己所擁有的最珍貴資產—自我與尊嚴。

27、成功不在於想了多少，而在於做了多少

生存智典

對準目標，立刻行動

有了第一步，就會有第二步、第三步……這樣不斷地做下去，你就會發現自己離目標越來越近了。

※用故事看人性

寒號鳥的冬天（只有行動才能保護自己）

傳說有一種小鳥，叫寒號鳥。這種鳥與眾不同，兩隻光禿禿沒有羽毛的肉翅膀，讓牠

沒辦法像一般的鳥那樣飛行。

但是當夏天一到，寒號鳥全身就會長滿絢麗的羽毛，樣子十分美麗。牠整天洋洋得意地在森林裏鳴叫，高聲唱著：「鳳凰不如我！鳳凰不如我！」

秋天，當其他鳥開始準備過冬的時候，牠依然東遊西蕩，到處炫耀自己，然而，已經沒有人羨慕牠了。終於，冬天來了，天氣寒冷極了。鳥兒們回到自己溫暖的窩裏，這時的寒號鳥，身上漂亮的羽毛都脫落光了。

夜間，牠躲在石縫裏，不停地打哆嗦，邊打哆嗦邊說：「天亮就造窩！天亮就造窩！」

可是白天太陽一出來，牠又忘記了晚上受的罪，牠唱著：「得過且過！太陽真暖和！」

最後，寒號鳥就被凍死在石縫裏。

做了再說

我們在工作和學習時經常會犯一個毛病，就是想得太多，而真正實施起來的卻太少。有時候，我們在遇到某種壓力後，開始雄心勃勃，甚至列出一個完整或長遠的計畫，可是過了一段時間，卻又把這一切忘在了腦後。

相信很多人都有過這樣的經驗，制定計畫時磨刀霍霍、摩拳擦掌、躊躇滿志，一副很有幹勁的樣子，可是過了一個星期以後就沒勁了，時間再長一點，就全盤放棄了。

對於一個想做一點事情的人來說，這樣遲遲不見行動是十分有害的，它導致你不僅不能實現自己的目標，而且會消磨你的意志，使你逐漸喪失進取心。

所以，一旦決定去「做」之後，就意味著這是有價值的，因此，就要集中精力去做，否則你一定會後悔！

練習保護自己

一、請記住：一定要把計畫付諸行動，努力做起來，這才是至關重要的，否則，再如何周延的計畫，終究只是一堆空想。

二、一個人的成功，不在於他想了多少，而在於他做了多少。所以，我們應該身體力行的保護自己，而不是只在腦中空想，變成一個只懂得自我安慰的阿Q。

28、貪心是最重的心靈行李

生存智典

送上門的好機會，也要仔細挑選

那些沒有自知之明、非常固執、只想擁有更多好處的人，永遠也做不成大事業。

※用故事看人性

兩個樵夫的價值觀（滿足得安寧，貪心易招禍）

兩名樵夫去山中砍柴，發現了兩大包棉花，兩人喜出望外，因為棉花的市價高於木柴。於是，兩人各自背了一包棉花，便趕路回家。

走著走著，其中一名樵夫眼尖，看到山路上有一大捆布，走近細看，竟是上等的細麻布，足足有十多匹。

他欣喜之餘，和同伴商量，一同放下肩上的棉花，改背麻布回家。他的同伴卻不這樣認為，因為棉花的價格比布匹好多了，所以他只想背著棉花趕緊回家。於是，那位樵夫只好打消了念頭，兩人背著棉花繼續趕路。

不一會兒，那位之前發現麻布的樵夫又看見路上有一塊閃閃發光的銀盤子，於是，邀請同伴放下棉花，帶走銀盤。同伴還是不肯，於是他把棉花全部給了同伴，自己撿起銀盤，兩人繼續趕路。

不一會兒，天上下起大雨來，棉花吸了水，重量重到讓人背不動，那位一心想著棉花可以賣好價錢的貪心樵夫只好把棉花扔下，空手跟著帶著銀盤的同伴回家了。

「想要」與「需要」的平衡點

一個貪心的人，只能汲汲營營地活著，而要想成就一番事業，必須勇敢地面對人生的種種考驗。

很多人之所以不能成功，不是沒有機會，而是沒有足夠的勇氣去接受挑戰，因為害怕失去，於是瞻前顧後，導致錯失良機。

要知道，人的慾望有兩種，一個是需要，一個是想要，凡是「想要」的太多，多得超過自己的「需要」時，就叫做「貪」。

而且，人常常不知道自己到底需要多少，也很難將「需要」和「想要」，這兩者的差別分得很清楚，總是感覺還不夠、還沒有滿足，於是，就讓自己陷入只要出現吸引人的事物就想追求，一旦追求到就握緊不放，如同故事中貪心的樵夫那樣。

練習保護自己

一、其實，慾望並不一定是壞事，只是它們常常引起人們對貪的慾望，而慾望一旦和貪連在一起，就變成了煩惱。但慾望也可以是一種希望，希望自己能一天比一天更好、更堅強、更善良。

二、為了保護自己不被貪慾傷害，應該學著讓「貪」變成對希望的追求，讓自己成為比現在更好的人。

29、抱怨太多，只會拖住你前進的腳步

生存智典

抱怨不會讓你變得更強大

現實有太多不如意，然而，就算生活給你的是「垃圾」，你同樣能把「垃圾」踩在腳底下，登上世界之巔。

※用故事看人性

愛抱怨的鬣狗（少抱怨多自省）

一隻鬣狗天生愛找藉口。牠和獵豹一起圍攻羚羊，結果羚羊從牠身邊逃走，牠不但不

檢討自己，反而說獵豹進攻時，沒有及時通知牠。

牠與熊一起捕鹿，讓熊咬傷的鹿脫逃，牠卻抱怨熊咬得太輕，沒一口就把鹿給咬死。從此，再也沒有誰要與牠合作了，鬣狗便大聲抱怨神給牠的形體太小，不夠雄壯。

當牠饑腸轆轆、喋喋不休地抱怨的時候，一頭雄壯的獅子路過，一把將牠抓住吃掉了。

牢騷太多，反而關住自己

沒有一種生活是完美的，也沒有一種生活會讓一個人完全滿意，我們做不到從不抱怨，但我們應該讓自己少一些抱怨，而多一些積極的心態去努力進取。

喜歡抱怨的人不見得不善良，但卻不受人歡迎。抱怨就像用煙頭燙破一個氣球一樣，只會讓別人和自己洩氣。

沒有人願意靠近牢騷滿腹的人，因為怕自己也受到傳染。

抱怨除了讓你喪失勇氣和朋友，於事無補，太多的牢騷只能證明你缺乏能力，無法解決問題，才會將一切不順利歸於種種客觀因素。

如果抱怨成了一個人的習慣，就像搬起石頭砸自己的腳，於人無益，於己不利，而且，生活就成了牢籠一般，處處不順，處處不滿；反之，則會明白，自由地生活著，其實本身就是最大的幸福，哪裡還會有那麼多的抱怨呢？

練習保護自己

一、牢騷太多，只會拖住你的前進腳步，試著把所有讓你不滿的事情羅列一下，看看哪些是你能夠改變的，就趕緊去改變它！

二、如果你盡力了，還是無法有所改善，那麼抱怨又有什麼意義呢？還是趕緊另謀出路吧，保護好自己，別被抱怨的負面能量給擊敗了！

30、憤怒往往從盲目開始，然後在後悔中結束

生存智典

不做不良負面情緒的俘虜

憤怒會讓我們失去自我，遠離目標，喪失理智，做出一些後悔莫及的事情。

※用故事看人性

野豬的下場（憤怒就像烈焰，會燒毀所有美好的事物）

在一片山林中，一頭雄壯的野豬擊敗了所有的對手，成為這片山林的統治者。牠的性格暴躁，行為殘忍，山林中的小動物很多都慘遭蹂躪，過著暗無天日的生活。因此，山林

中的動物都心懷怨恨，想著到底該怎麼做，才可以除去這個可怕的暴君。

狐狸、山羊、猴子等多次計議，也沒有什麼好辦法，便去請教長期生活在野豬山洞旁邊的小松鼠；小松鼠雖然一直過著戰戰兢兢的日子，但牠對野豬的性情知之甚深。

「野豬的性格很急躁，要逼牠生氣、發怒，再想辦法處理牠！」小松鼠說。

大夥一聽覺得這真是一個好辦法。

猴子說：「我在樹上激怒牠，把牠引到懸崖邊，狐狸你看好時機成熟時，叫山羊把牠撞下懸崖。」大夥都表示贊同。於是，猴子到野豬洞前故意喧嘩，把野豬搞得極不耐煩，野豬便跑出來驅趕猴子。

「我喜歡叫就叫，看你能怎麼辦？該死的野豬。」聽到猴子的叫嚷，野豬大為光火，反覆跳躍，想咬死猴子，猴子一邊逃，一邊罵，野豬越來越憤怒。

野豬的吼聲如雷，眼中冒火，一步步被引到懸崖邊。然而，無數次的跳上跳下，已把野豬搞得筋疲力盡，而且憤怒更讓牠喪失理智。

狐狸看見機會來了，呼嘯一聲，提醒山羊，山羊加速從高處衝下，順利的把野豬給撞下山崖。

小心「憤怒」會讓你的人生「氣爆」

「憤怒」是人在受到內外刺激時所做出的主觀反應，這種反應是在缺乏思考的不冷靜狀態下產生的，因而是盲目的，屬於消極的負面情緒，一旦我們當了憤怒情緒的俘虜，它就會干擾我們正常的判斷力，使我們做出不理性的事情。

憤怒的情緒一旦產生，人的自主意識、自控力都會隨之下降，因而容易出現過激之舉。這時，任誰規勸也難以見效，憤怒中的人是不會立即平靜下來的。最嚴重的是，如果憤怒者的心理失衡，行為失控，觸犯了法律，就會傷人傷己。

練習保護自己

一、「憤怒」是一種情感釋放，如果找到正確疏導的管道，是不會產生危害的。

二、為了保護自己和保護別人，當你感到憤怒的時候，可以找個沒人的地方盡情發洩，但是不要在有人的地方失態，以免在怒氣爆發時，傷人傷己。

31、用「感激」來灌溉人情的花朵

生存智典

時時刻刻懷著一顆感恩的心

一個人不管取得多麼值得驕傲的成績，都應心存感激，也就是應該記住他們絕對不是只靠一個人的力量就能成長茁壯的。

※用故事看人性

說「謝謝」的螞蟻（感謝是美德中最微小的，但得到的回報卻最大）

螞蟻準備到河的對岸去尋找新家，但是河上沒有橋。正在危難之際，河邊的柳樹上飄下一片枯葉，剛好落在河水邊，螞蟻趕緊爬了上去，隨著柳葉漂到了河的對岸。

「謝謝你！」螞蟻滿懷感激地對柳葉說。

由於，一時未找到理想的安身之地，夜晚來臨時，螞蟻被凍得瑟瑟發抖。蚯蚓見了，熱情地邀請螞蟻到牠的洞裏過夜，螞蟻欣然同意了，並真誠地向蚯蚓表達了謝意。

第二天，螞蟻繼續尋找新家。因為帶來的糧食都已經吃完了，在牠感到又渴又餓之際，感覺到絕望的時候，烏鴉及時地送給牠一粒豌豆，螞蟻接過豌豆後，又真誠地對烏鴉說了聲「謝謝」。

兩個路過的蟋蟀看到了這個情景。其中的一隻蟋蟀說：「螞蟻的運氣真好，處處都能得到幫助。」

「不是螞蟻的運氣好，牠之所以能處處得到幫助，是因為常把『謝謝』兩個字掛在嘴邊。」另一隻蟋蟀說。

「謝謝」二字不能省

第二隻蟋蟀的話，一語道破了螞蟻獲得好運氣的「天機」。

的確，經常把「謝謝」兩字掛在嘴邊的人，走到哪裡都會受到歡迎，並得到人們真心的幫助。當然，「謝謝」的前提是真心真意，是真誠的感恩。否則，虛假的「謝謝」說得再多，也不會有人理你。

雖說透過個人的勤奮努力和吃苦耐勞能出色地完成工作，但同時應該承認，在一個人的人生歷程中，每個人或多或少都獲得過別人的幫助，並且這些幫助是很重要的。

雖然，向他人表達感恩之心的言辭並不只「謝謝」兩字，但如果你連這兩個最簡單的字都不願說出口，別人怎麼會知道你有一顆感恩之心呢？

練習保護自己

一、雖然每個向你伸出援助之手的人的初衷，不是為了得到「謝謝」這兩個字，但如果這兩個字是你真心誠意地說出來的話，那麼對方心裏還是會覺得很溫暖，而且會認為你是一個值得他幫助的人。

二、為了保護自己的好人緣，多把「謝謝」兩字掛在嘴邊吧，因為，如此一來，別人會覺得你是一個感恩的人，在今後的日子裏，也樂意與你交往。

32、不完美的人生，才是完美的

生存智典

完美是件無聊的事，因為這只會讓自己失去進步的空間

人生太完美了，也就沒有了生活的樂趣，所以殘缺也是一種美，是一種展現真實人生的美。

※用故事看人性

滾動的圓（不完美，也是一種另類的完美）

有一個圓，被切去了好大一角的三角形，為了讓自己恢復完整，沒有任何殘缺，因此

這個圓四處尋找自己失去的部分，但因為它殘缺不全，只能慢慢滾動。

在緩慢地滾動的旅程中，圓在路上欣賞花草樹木，不時還和毛毛蟲聊天，享受陽光。它找到各種不同的碎片，但都不合適，所以它把碎片都留在路邊，繼續往前尋找。

有一天，這個殘缺不全的圓找到一個非常合適的碎片，它很開心地把那碎片拼上，開始滾動。

現在它是完整的圓了！能滾得很快，快得使它注意不到路邊的花草樹木，也不能和毛毛蟲聊天。

它終於發現滾動太快使它看到的世界完全不同，便停止滾動，把補上的碎片丟在路旁，慢慢滾走了。

人生不必太完美

人生最大的痛苦源自追求完美，由於刻意追求完美，我們不能容忍缺陷的存在，結果，一點小小的缺陷往往就可能遮蔽住我們審美的眼睛，使我們的目光滯留在缺陷上，而忽略了周圍其他的完美之處，以致錯失了許多美好的東西。

追求完美的人最普遍的錯誤想法，就是認為不完美便毫無價值。

這種想法導致追求完美的人害怕犯錯，而且，一旦犯錯後，就又會做出過分的反應，如果他們能夠放棄追求完美，他們的生活可能會更有意義和更有成就。

練習保護自己

一、其實，過度完美主義的人，也常常是沒有自信的人。因為他們做事時，總想做得完美無缺，不出任何紕漏，否則，他們就不敢去做，實際上，這還是沒有自信的緣故。

二、世上沒有十全十美的東西，所以我們在認識自我、看待別人的時候，不要過於求全責備，帶著一分寬容，可以保護別人也能保護自己；因此，我們又何必一定要追求光彩奪目，做到無可挑剔的地步呢？

33、「退一步」，往往能夠達到前進「數步」的目的

生存智典

好勝心太強也會起反作用

在工作學習中要多思勤問，善於總結經驗教訓，不能感情用事，不能怨天尤人，不然，就會造成不可挽回的損失。

※用故事看人性

河豚妄肆（別讓「好勝」變成「輸不起」）

河裏有種名叫河豚的魚。一天，牠游到橋下撞到橋墩，還不知道遠遠地躲開，反而以

為橋墩撞了自己而大怒。

於是，牠張開兩鰓，豎起兩鰭，氣得肚子鼓鼓地浮在水面上，久久不動。這時天空中飛來了一隻老鷹，用爪子抓住牠，把牠給吃下肚子。

河豚喜歡游水而不知停止，因為好游才撞在橋墩。牠不知道是自己的錯誤，反而狂妄放肆，大生悶氣，導致被飢餓的老鷹給吃下肚子，這真是太可悲了！

退步原來是向前

把拳頭縮回去是為了更有力地打出去，這個道理看過拳擊比賽的人應該都會明白。同樣，在現實生活中，有時候退一步，卻能夠達到前進數步的目的。

就像體育運動中的跳遠一樣，為了跳出好成績，退幾步是必然的。許多人對後退常常不理解，認為是一種倒退。

事實上，在前進中，雙方對峙勢均力敵的時候，乾耗不是出路。當有一方出現異常而後退時，他的目的很明顯：打破僵局，爭取最大的衝擊力。

同樣，生活和學習也是一樣，當我們走進死胡同而不能擺脫時，如果一味地只想「前進」，最後的結果就只會跟前述故事那隻河豚一樣，不僅會讓自己「撞壁」，甚至還會讓在一旁虎視眈眈的敵人，有機可趁，但是如果我們懂得先把問題放下，做一些其他的事情，在經過一段精神放鬆後，原本複雜的難題，此時也許會變得非常簡單，這就是以退為進、改變思維的結果。

練習保護自己

一、有進有退，這是生存的必要條件。那種只會一味地勇往直前、有進無退的人僅僅是「村夫莽漢」，雖然表面上英勇，實則成事不足，敗事有餘。

二、佛經有一句話：「退步原來是向前！」的確，在人生的過程中，有進有退、進退自如，這才是真正聰明的人度過難關的智舉。

34、「自以為是」會讓你變得孤立

生存智典

自以為是的人最難溝通和教育

俗話說：「旁觀者清」，因此，不要對逆耳之言消極抵抗，他人的評價往往比自我證明，更具有客觀性和真實性。

※用故事看人性

棕熊的悔悟（謙虛讓人謹慎，驕傲讓人大意）

森林裏有一隻性情暴躁的棕熊，凡與牠相處的動物，一言不和就會被牠毆打，輕者皮肉受傷，重者筋斷骨折。

但棕熊並不是只會毆打同伴而已，做為森林中的強者，牠一次又一次地擊退了外敵對森林的入侵，保護了小動物們的安全。因此，棕熊自認為自己行俠仗義，英勇無敵，是森林中最受尊敬的動物。

有一天，一頭極其雄壯的野豬來犯，為了把牠驅逐出境，棕熊與野豬激戰三天三夜，從山峰戰到山谷，並遠遠地離開了這片森林。

經過四天的夜晚，遍體鱗傷的棕熊終於歸來了。他發現森林裏正在舉辦慶祝會，牠以為是動物們慶祝牠的凱旋歸來。

沒想到，牠遠遠就聽到狐狸那刺耳的叫聲：「為了棕熊的死去乾杯。」

棕熊整個被震驚在原地，終於，牠才真正明白自己在動物們心中的地位和形象！牠羞愧萬分，從此性情大變，改惡向善，後來被公推為森林之王。

試著用自嘲來放低身段

人際交往中，如果像前述故事中棕熊那樣的自以為是會讓你變得十分孤立，這很不利於交際圈的擴大，因為，這不僅會限制自己生存空間的擴展，也會給自己帶來不必要的心理壓力。

克服自以為是的心態，最好的辦法莫過於自貶自嘲！

自貶自嘲就是自己罵自己，自己拿自己尋開心，這是缺乏自信者不敢使用的。然而，這樣做可以將你身上的缺點放大，把你的失誤和不足展示給別人，然後巧妙地引申發揮，搏得眾人一笑，並在笑聲中化解別人對你的猜疑和誤解。

總之，適時適度地自嘲，不失為一種良好修養的表現和一種充滿魅力的交際技巧。

練習保護自己

一、自嘲誰也不傷害，最為安全。你可用它來活躍談話氣氛，消除緊張，在尷尬中自找台階，保住面子。

二、在公共場合自嘲，可以讓別人感覺到你的人情味，化解你給予別人那種「高高在上」的感覺；在特別情形下可以透過自嘲，含沙射影，順便刺一下無理取鬧的小人，這不失為以退為進，保護自己的好方法。

35、讓運氣站在你這邊的前提是——不要相信運氣

生存智典

不切實際，機會到手也白搭

面對自己得不到的東西，卻一直抱著不切實際的幻想等待，這是十分不值得的，結果是往往連能夠得到的也失去了，以致喪失了所有的機會。

※用故事看人性

餓死的狐狸（運氣就是「機會碰巧撞到了你的努力」）

一隻狐狸肚子非常的餓，牠走過果園的時候，發現蘋果樹上結了一顆很大的紅蘋果。

狐狸饞得口水滴個不停，一心只希望那顆紅蘋果能自己掉下來。但是牠在樹下等了好久好久，也沒見那顆蘋果掉下來。

狐狸喃喃自語地說：「也許等下就會颳起大風，大風就會把蘋果吹下來。能在這麼飢餓的狀況下見到這顆蘋果，這就代表我運氣很好！所以，就再等等，再等一下它就會掉下來了。」

有好幾次牠想去其他地方找食物來充飢，但是又怕這顆蘋果被別人撿走，所以就待在蘋果樹下一直等了下去。

幾天之後，人們在蘋果樹的下面發現了一隻餓死的狐狸。

拋掉不切實際的幻想

有人常常想，只要再堅持一下，成功就會到來，然而，一旦失敗，就把自己的失敗歸究於運氣不佳，這實在是對運氣的誤解。

真實情況是，越是努力工作，就越有運氣—但大前提是要看清楚局勢。

戴爾・卡耐基常常提醒那些追求成功的人說：「不要依賴運氣，依賴運氣比沒有任何想法更愚蠢，更不切實際。這個世界依循因果關係在運作，運氣可以說是不存在的，有時你以為某人成功的非常僥倖，但他為成功付出的代價，豈是你能體會到的？」

有很多人很有想法，但可悲的是，如果一個人想法過多，他就會變得朝三暮四，不知道自己該做什麼，總是覺得自己什麼都能做，又總是什麼都做不好。為了避免這種狀況的唯一辦法就是：趕快拋掉那些不切實際的幻想。

練習保護自己

一、生活中常有人做事計畫來計畫去，總覺得構想不完美，時機不成熟，讓計畫一直停留在自己的「夢想」中，結果一拖再拖，萬事成蹉跎，最後讓「夢想」變成「幻想」。其實，再好的新構想也會有缺陷，即使是很普通的計畫，如果確定執行並努力去做，都比沒有開始好得多。

二、局面要靠行動來打開，坐等機會成熟，很可能永遠也等不到，或者機會一旦成熟，如白駒過隙，你根本就抓不住。有人說「攻擊是最好的防守」，同樣的，「行動是最好的保護」，趕快的行動起來，用行動來保護自己！

36、受過傷，就要記得痛的感覺

生存智典

貪婪是讓人們一錯再錯的罪魁禍首

貪婪可以讓人喪失理智，會讓人忘記痛的感覺，所以，人才會不斷地重覆犯同一個錯誤，因此，既然已經受過一次傷，就應該吸取教訓，避免再一次受傷。

※用故事看人性

狐狸的懺悔（一錯再錯，日子就難過了）

一隻狐狸捂著受傷的腿，一瘸一拐地哀叫著回到自己的窩裏。

一隻喜鵲看到了，從狐狸的頭頂上飛過，問說：「狐狸大哥，你怎麼受傷了？」

狐狸回答說：「是這樣的，我讓那條守在雞窩旁邊的獵狗咬了一口。」

喜鵲驚訝地問：「上次你闖進村裏的時候，就被獵狗咬傷了一次。為什麼今天還要去呢？難道你已經忘記了嗎？」

狐狸說：「當然沒有！我也知道那一條獵狗的牙齒有多厲害，只是村裏的雞實在是太誘人了！」

貪婪可以讓人喪失理智

我們需要學會「知足常樂」。這種知足不是遲鈍，而是從虛榮、狹隘、擔憂和焦慮中解脫出來，不因為這些慾望而喪失判斷能力，因為這些慾望是阻礙我們成長的絆腳石。

貪婪可以讓人喪失理智，就像寓言中的狐狸一樣，搭上命也在所不惜，這是很不理智的。

有的人雖然犯了法，但僥倖逃脫了法律的懲罰，如果他們能夠從此罷手，也許可以平平安安地過一生。但正由於貪慾的驅使，使得這些人鬼使神差般地又走進了法網之中。貪心害人，實在是不淺啊！

練習保護自己

一、社會上確實有一些貪得無厭的人，他們對金錢的慾望永無止境。在社會上，瘋狂地造假、詐騙、走私是一些人貪婪心態的體現。在商戰中，造假、詐騙、走私是一股千夫所指的濁流，是不該出現在生活中的惡劣行為。

二、托爾斯泰指出：「人生的藝術，只在於進退適時，取捨得當。有所得必有所失，這是定理。如果你覺得失大於得，就一定要克服慾望。」因此，為了保護自己，最好學會知足常樂、減少慾望。

37、進步是通往成功的階梯

生存智典

只有不斷進步才能勝出

現在的社會，要想永立於不敗之地，就必須擁有自己的核心競爭力，要想擁有超強的核心競爭力，就必須擁有超強的學習力。

※用故事看人性

凱撒的驢（少說空話多做事）

凱撒領軍出征，每次獲勝都必定會以酒肉金銀犒賞三軍，卻很少晉升自己身邊的親兵。

有一次，他的一個親兵仗著酒膽，問凱撒說：「這些年來，我跟著您征戰沙場，出生入死，歷經戰役無數。同期入伍的兄弟，做官的做官，做將的做將，為什麼直到現在我還是小兵一個呢？」

凱撒指著身邊一頭驢，說：「這些年來，這頭驢也跟著我征戰沙場，出生入死，歷經無數戰役，為什麼直到現在牠還是一頭驢呢？」

問題不是做了多久，而是有沒有進步

好多人通常都嘀咕同樣的問題，為什麼忙來忙去總感覺自己還在原地踏步？為什麼那些原來並不出色的傢伙卻能春風得意？還要多久我才能揚眉吐氣呢？

凱撒在兩千多年前就給出了答案：問題不是你做了多久，而是你有沒有在進步！

一個剛造出來的航海羅盤，在沒有經過磁化之前，指標的方向是混亂的。一旦磁化後，它就像被一種神秘的力量支配著，總是永遠地指向同一個方向。如果用在人的身上，這種神秘的力量就是我們所說的進取心。它使我們不斷的努力，從不懈怠，從不滿足。

永不停息地超越自我表明了成大事者的進取心。他們和時間賽跑，和自己賽跑，攀越一個個高峰並一次次地去征服下一個高峰。

每當我們走過一段、跨出一步、到達一個目標的時候，絕不要這樣就停頓下來，因為下一個目標正在向我們揮手呢。

練習保護自己

一、輝煌的成就屬於那些銳意進取的人，因為成功有明確的方向和目的，如果自己不求上進，只會說不會做，誰拿你也沒有辦法，換言之，自己不行動，上帝也幫不了你。

二、只有自己想成功，才有成功的可能，激起進取的心吧，這樣才能不停前進，才有動力保護自己。

38、無論何時都不忘思考——這是人和動物的分別

生存智典

每天為自己留出沉思的時間

任何承擔大量工作任務的人，必須抽出一定的時間來鍛鍊自己的身體和大腦。

※用故事看人性

年輕銀行家的計畫（少一點膚淺的享樂，多一些冷靜的思考）

在美國最嚴重的經濟蕭條階段，一家大銀行發生了嚴重的財政困難。為度過難關，公司急需規劃出一個重組計畫，所有銀行家要在召開的會議上，拿出一些可行的建議或者方

案來。

會議上，一些德高望重的老銀行家發表了許多的意見之後，一個相當年輕的銀行家站了起來，說出了一整套具體的建議。

他的計畫征服了在座的所有人。

當會議解散以後，坐在旁邊的一位老銀行家對這個年輕的銀行家說，他寧願花一百萬美元買這個銀行家的能力。而這個年輕的銀行家，是怎麼想出這個優異的計畫的呢？原來他每個星期都抽出五個晚上的時間來，認真地閱讀、沉思默想和學習。

他提出的整個重組計畫，就是他在家裏熬過了一個又一個漫長的夜晚後，所獲得的成果。

沉思默想，才能讓自己不斷進步

沉思、反思可以讓我們找到自己的不足，並加以彌補；沉思、反思可以讓我們看清以往所犯的錯誤，避免再犯；沉思、反思還可以讓我們知道自己究竟是為了什麼而忙……

如果我們留點時間去沉思，就會慢慢地發現這是一件很划算的事情。例如，在遇到突發事件的時候，不要過急地從椅子上跳起來，那樣你的大腦會是一片空白，應該冷靜地坐著思考分析一下事件的起因與狀況，僅僅幾十秒鐘就足夠了，因為平時的經驗累積會告訴你該怎麼做。

很多人都是在忙沒有效率的事情，這種浪費時間的表現是每時每刻都在努力地工作，每時每刻都在緊張地學習，不講效率埋頭苦幹，時間花了不少，成果卻不顯著。

其實，你大可以減少工作量，留出一定的沉思默想時間來反思已做過的事情，如：「這有什麼意義」、「怎麼樣才能更好」等。

同時，還應思考是否有其他的方式，以及如何增加配合的緊密度等。沉思默想不是停止工作，而是為了把工作做得更好。

練習保護自己

一、留一點時間去沉思、去反思，絕對不是要改變一個人的做人準則，更不是讓人變得圓滑世故，而是讓我們盡量地少犯錯誤、少後悔，這也是對自己負責。

二、讓我們有條理地規劃自己的每一天、每個星期，讓我們留出足夠的時間給自己去冷靜地、長時間地深思默想，進行自我反思。因為，多給自己一些時間沉思默想，才能讓自己不斷進步，擁有更多保護自己的能力。

39、思考角度換得越快，發現機會的速度也越快

生存智典

保持思想的靈活度

只要換一種思維方式，就會從另外一個方面重新判斷問題，從而把不利轉變為有利。

※用故事看人性

讓蒼蠅吸血的狐狸（換個角度看待問題）

有一隻長住森林中的狐狸，牠狡猾、機警而又詭詐。

但有一天，牠不幸被獵人打傷了，狐狸一邊跑一邊滴著血，最後倒在了泥濘的小徑上，招來許多蒼蠅的叮咬。狐狸抱怨上帝，抱怨自己的命運為什麼這麼淒慘，連蒼蠅也不放過自己。

正好有一隻刺蝟經過附近，牠對狐狸的處境感到難過又不捨，於是，牠自告奮勇地說：「狐狸大哥，您這樣很不舒服吧，我願意幫您趕走這群蒼蠅！」

豈知，狐狸卻勸阻說：「不，朋友，謝謝你，請你就不要管我了，這些蒼蠅在我身上已經吃完了飯，現在只是在休息。要是你把這一群吃飽的蒼蠅趕走之後，新的一群又會蜂擁而來，牠們將比這一群更加殘酷、更加貪得無厭的。」

從尋常事物中發現不尋常的事

狐狸的智慧常常讓我們吃驚，牠們不但能夠兇狠地戰勝對手，成功獵取食物，還具有非常敏銳的觀察能力。

狐狸還會深入地研究對手的一舉一動，準備充分之後，才會出擊。一旦發現了最佳時機，就會以驚人的速度，兇猛地向對手撲去，然後，用盡全力獵殺對手，使其喪失反抗的意志。

不尋常往往出現在尋常事物中，當它們混在一起的時候，是極難辨認的，這時候，如果沒有像狐狸一樣的敏銳思維，就不可能發現寶貴的機會。

因此，我們應該向狐狸學習，就是要在激烈的競爭中，用敏銳的觀察力為自己獲取更多的生存機會。

練習保護自己

一、人們對於司空見慣的事物，常常視若無睹，從而忽視了它的變化，以及其中蘊含的東西，最為著名的例子便是牛頓發現了萬有引力定律，這就是常人和天才的區別。

二、你必須經常性地訓練你的思維，讓它時刻處在對外界變化高度靈敏的狀態中，只有這樣，你才會有能力保護自己，最終的成功也才會是你的。

40、相信道聽塗說的人，十之八九都是輸家

生存智典

不要相信沒有經過證實的事

道聽塗說，以訛傳訛，你所瞭解的資訊只會離現實的真相越來越遠。

※用故事看人性

將一隻貓「話」成一頭老虎（謠言足以嚇死一頭「獅子」）

生活在南方的百獸之王獅子見過各種動物，唯獨不知道貓到底長什麼模樣，獅子十分好奇，於是牠派自己的臣民四處尋訪，調查一下貓到底長的是什麼樣子。

狗看見了貓，對自己的上司狐狸說：「那些貓全都長得和老虎一個模樣。」狐狸聽了狗的彙報，於是就向自己的上司狼介紹說：「貓和老虎一樣大。」狼回到南方向百獸之王獅子彙報說：「那些貓比咱們這裡的老虎還要兇猛。」百獸之王獅子聽完後，頓時就嚇出了一身冷汗。

增加對資訊的辨識能力

隨著全世界資訊產業的高速發展，我們進入了一個「資訊爆炸」的時代，這使得個人和社會的關係發生了根本性的變革。

今天，社會更加強調宣揚個體精神，於是，網路就成為個人拓展自我、表達自我的新空間。隨著網上人群的增加，網路中的「虛擬社群」對個人的塑造作用也越來越大。

在強調網路重要性的同時，我們也看到各種良莠不齊的資訊充塞網路，造成網上不良、虛假，甚至負面資訊比比皆是、氾濫成災。而這種現象背後的深層原因是網路傳播的法制法規還不夠完善。

此外，傳統媒介因為版面或播出時間有限，因而無法顧及和滿足許多大眾對言論傾訴的要求，而這也是促成網路資訊混亂的另一大原因。

與此同時，網上消息來源的廣泛性和匿名性，有時會導致類似前述故事將一隻貓

「話」成一頭老虎的謠傳，或道聽塗說的新聞出現，這也是值得警惕的。

練習保護自己

一、國際社交網站的充分發展，在我們面前已經展開了一個全新的世界。現在，網路傳播已被視為一股強大的力量，它給社會帶來了非常大的衝擊力，也給我們帶來強大的影響，不可不慎。

二、只有增強對網路資訊的辨識能力，才能使網路空間不只是一個發洩個人心中不滿的非理性領域，而是成為我們美好的精神家園，保護自己不用受到資訊轟炸的傷害。

41、在克服壞習慣上，晚做總比不做強

生存智典

壞習慣要及時改正

鳥兒在籠子裏待久了，會失去飛行的能力；人要是養成了壞習慣，會失掉謀求生存的本能。

※用故事看人性

用柏拉圖來罵學生的演說家（壞習慣就像闌尾，要是不切除就有敗壞的可能）

有一天，演說家馬德斯在雅典的一所大學演說，底下的大學生們通通都在低頭滑手

機，玩著小小螢幕中的流行遊戲，根本沒有一個人認真地聽演講。

於是，馬德斯便請底下的大學生們允許他講一則伊索寓言，大家一致同意。他說：「柏拉圖和燕子、鰻魚一起同行。他們來到了一條河邊，燕子飛走了，鰻魚潛入水中。」

講到這裡，他便不再講了。

大學生們被沉默搞得心煩氣躁，紛紛問他說：「柏拉圖怎麼了？」

他回答說：「他正生你們的氣呢，因為他對你們只喜歡聽伊索寓言和低頭滑手機的壞習慣，氣到不想跟你們說話。」

從習慣的「籠子」中飛出去

習慣有一個很大的害處，就是使你總是走在重覆的路上。

這就像你看書時，把某一頁紙折了個角，然後闔上書。過一段時間，你重新打開書時，便會一下子翻到有折角的那頁。我們的「習慣」就像那折角一樣，會使我們重覆過去的行事方式。

有一隻小牛見母牛在農民的鞭下，汗流浹背地耕田，感到很難過，就問：「媽媽，既然世界這麼大，為什麼我們一定要在這裡受苦，受人折磨呢？」

母牛一邊揮汗如雨，一邊無可奈何地回答說：「孩子，沒辦法呀，自從咱們吃了人類給的東西，就身不由己了，祖祖輩輩都這樣啊！」

世界雖大，但被奴役成習慣的牛，卻始終無法從被奴役習慣的這個「籠子」中走出去，才會讓自己只能終身勞作田間。

練習保護自己

一、奧古斯丁曾說：「習慣不加以抑制，不久它就會變成你生活上的必需品了。」的確，如果我們不想成為習慣的奴隸，就必須學習如何當它的主人。

二、雖然習慣讓你感到舒暢，但擺脫習慣的束縛，學習新鮮的東西，走上更高的平台，這對你來說更為重要，如此，你才能有保護自己的能力。

42、可以跟從，但不要盲從

生存智典

擺脫崇拜的心理，學習更相信自己

那些好高騖遠的人總想要他本性以外的東西，到頭來得不償失，連他自己本來具有的東西都喪失了。

※用故事看人性

松鼠犯了致命的錯誤（不要迷信專家，因為專家的分析未必都是對的）

森林裏有一棵樹，它的果子又圓潤又香氣撲鼻，但據說是有毒的，大家半信半疑。

有一天，松鼠卻親眼看見猴子摘來吃了，松鼠因此受到鼓舞，他心想：「猴子是整個森林裏最聰明的，牠都吃了，我幹嘛做傻瓜，留著紅通通、香噴噴的果子不吃？」

於是，松鼠也摘來吃了。

不久毒性發作，松鼠被送進了醫院。在那裡，牠也看到了猴子—經多方醫治無效，猴子已經直挺挺、硬邦邦地躺著了。

松鼠臨死時痛苦地說：「我為什麼以為聰明人幹的事，永遠是正確的呢！」

不要用別人的知識來填充自己的大腦

著名科學家巴甫洛夫對學生的要求十分嚴格。他教育學生必須一絲不苟，親自動手，紮紮實實地做實驗。平時，他經常一邊講解，一邊做實驗演示，並招呼學生到實驗桌前面仔細觀察。

到了晚年，他仍堅持做動物實驗，親自上陣。他十分敏銳地關注學生的工作細節，細心察看他們的實驗記錄。對重視實驗的學生，他總是讚賞有加，對那些輕視實驗的學生，他則聲色俱厲地嚴厲批評。

有一個軍醫實驗員，為了取得「醫學博士」頭銜，跨入了研究單位。他在做實驗時，總是叫自己的助手做動物手術，不肯自己動手解剖。

巴甫洛夫嚴厲地批評了他，並對他說：「要對這個專題有興趣，那就請你從頭到尾自己動手，要用自己的手和自己的眼睛，這是做實驗的最高原則。」

其實，巴甫洛夫教導學生必須重視實做，絕對不能光看不學，或是只會跟著大師的腳步盲從，無非就是不想讓學生步上前述故事，那隻松鼠不懂得實事求是，只會跟著別人的腳步，到最後跟著猴子一起中毒身亡的後塵。

練習保護自己

一、要知道，僅僅熟悉一些事實並不等於獲得了力量，如果我們一無是處的用別人的知識來填充大腦，無異於一個勁兒把傢俱和擺設塞入我們的房子，直到我們自己沒有立足之地。

二、不要對別人的知識深信不疑，而是要動手實踐，將別人的知識化為自己的知識，這才能夠發揮用智慧保護自己的作用。

43、最困難的時候，就是離成功不遠的時候

生存智典

從苦難的考驗中崛起

在逆境中經受各種考驗與錘鍊，百鍊成鋼，才能在激烈的競爭中得以生存。

※用故事看人性

熊的不同選擇（只有在逆境中，才能鍛鍊自我）

在很多年以前，有一群熊歡樂地生活在一片樹木茂密、食物充足的森林裏。後來，地球上發生了巨大變化，森林被雷電焚燒，動物四散奔逃，熊的生存也受到嚴重的威脅。

於是，有一部分熊提議說：「我們北上吧，在那裡我們沒有天敵，可以使我們發展得更強大。」

另一部分熊則反對說：「那裡太冷了，如果到了那裡，只怕我們大家都要被凍死、餓死。還不如去找一個溫暖的地方好好生存，因為溫暖的地方可供我們吃的食物很多，我們也會很容易地生存下來。」

爭論了半天，誰也說服不了誰，結果，一部分熊去了北極邊緣生活，另一部分熊則去了一個四季溫暖、草木繁茂的盆地居住下來。

到了北極邊緣的熊，逐漸學會在冰冷的海水中游泳，到海水中捕食，甚至敢於和海豹搏鬥……漸漸地，他們比以前更大更重、更兇猛，成了食肉的北極熊。

另一部分熊到了盆地之後才發現，根本無法和這裡的肉食動物競爭，也無法與數量更大的食草動物競爭，於是，只好改吃別的動物不吃的東西—竹子，這才得以生存下來。

漸漸地牠們變得好吃懶動，體態臃腫不堪，演化成了現在的大貓熊。

如今日益減少的竹林，使得大貓熊幾乎瀕臨滅絕，只能被關在動物園裏，靠人類的幫助才能生存。

迎向苦難，才能造就非凡的人生

苦難使人經受考驗，苦難使人奮勇搏擊。人們都希望自己成為生活的強者，但通向強者之路上永遠有苦難在那裡等待。

苦難是一本開啟智慧的好書，當人們精心閱讀感受之後，會發現它在娓娓講述豐富的生活閱歷時，又夾帶著睿智，細細品味會使人豁然開朗，智慧倍增。

苦難又是一位深沉的哲人，它告訴我們：「強者的人生意義不在於他輝煌的成功，而在於他為實現理想所做的一次又一次的搏擊。」

練習保護自己

一、迎向苦難的人，雖處逆境但可嘗遍人間酸甜苦辣的滋味，經受事態冷暖炎涼，更多一層對生活的領悟，更瞭解人生的真諦，而習慣於順境享受喜悅浸潤的心靈，往往承受不起太大的打擊。

二、吃得苦中苦，方為人上人。苦難對於每個人來說都是一場考驗，只有經受住苦難的考驗，才能鑄就非凡的人生，也才能學習到保護自己的方法。

44、找到專長，也就找到自己的位置

生存智典

好高鶩遠，最後必然摔跟頭

在做任何事情之前，只要找準方向，取長補短，自己的才幹就能得到充分的施展，這是走向成功的關鍵所在。

※用故事看人性

小螳螂學藝（有一技之長就餓不著）

小螳螂長著修長的腿，扛著兩把大刀，樣子威武極了。牠認定自己長大了肯定會有出息，所以誰也看不起。

媽媽對小螳螂說：「你也快長大了，該學點專長，告訴媽媽，你想學點什麼呢？」

小螳螂揮了揮手裏的兩把大刀，神氣地說：「我想練武，將來當個英雄。」

「好，有志氣！」

媽媽把牠送到武術教師猴先生那裡學習武藝。

去了還沒三天，小螳螂認為自己有兩把天下無敵的大刀，一定要跟猴先生比試比試武藝。猴先生也想讓小螳螂有個教訓，安排最小的徒弟和螳螂比試，結果小螳螂輸得很慘。這樣，小螳螂就不想學武藝了，牠又改行跟著熊先生學木匠。熊先生給了牠一根樹枝讓牠砍斷。然而，兩把大刀實在不像話，連個小樹枝都砍不斷，熊先生脾氣暴躁，當場狠狠地批評了小螳螂。

小螳螂沒辦法，只好回到家，對媽媽說：「看來，我只好跟著您學捕蟲了。」媽媽說：「也好，媽媽相信你一定能成個捕蟲高手。」從此，小螳螂專心跟媽媽學習捕蟲，終於成為了一名捕蟲高手，牠在生活中也找到了適合自己的位置。

別人會的技能，不一定適合你

我們在學習技能的過程中，一定要找到擅長或適合自己的事情，因為，如此一來，不但學習的過程顯得輕鬆有趣，也能發揮自己的長處，而且因為找準了目標，在付出艱苦努力以後，往往會取得最後的成功。

每個人都有自己的優點和弱點，比如有些人體育成績好，有些人寫作能力強，有些人具有音樂天賦……然而，最重要的是不能看著別人做什麼，自己就做什麼，那樣只會耽誤自己的前程。

練習保護自己

一、不要認為取得大成就的人一定是有什麼秘訣，世界上沒有「一日成仙、一日得道」的好事情，古往今來，成大器者都是在平平常常、平平凡凡的環境下刻苦求學，努力奮鬥的。

二、在人生的過程中，輝煌常常只是一瞬，而平凡才是永恆。「大道至簡、大象無形」是古人的智慧總結。所以，真正的人生方略就是習慣平凡，在平凡中找到自己的位置，然後，在這個位置上保持積極向上的心態與鬥志，而這也是保護自己的必備良好心態。

45、與其羨慕別人，倒不如肯定自己

生存智典

羨慕別人，就得不到寧靜的心靈

人們都羨慕別人擁有的，卻沒有想到自己擁有的，也被別人所羨慕。

※用故事看人性

想飛得更高的風箏（無根必然長不高）

有個風箏總想能夠有一天像空中的大雁一樣，在空中自由地翱翔，比大雁飛得更高。

於是，風箏開始埋怨拴在自己身上的那根繩子，認為都是它束縛了自己飛翔的自由，因此，它對繩子非常不滿。

這一天，風箏又飛上了天空，恰好一陣大風刮來，於是，風箏藉著風勢奮力地掙斷束縛著自己的繩子。

風箏滿心以為掙脫了繩子之後，自己可以像大雁一樣青雲直上，誰知道，在狂風過後，它竟一下子栽入泥塘，再也沒有飛起來。

在實踐中踏踏實實地看清自己

世界上絕頂聰明的人很少，絕對愚笨的人也不多，一般人的能力與智慧都處於同等的水準線上。

但是，為什麼有的人能獲得成功，有的人卻碌碌無為呢？世界上到處都是一些看來很有希望成功的人，在很多人眼裏，他們能夠成為，而且應該成為各種非凡人物，但是，他們最終並沒有成功，原因何在？

一個最重要的原因在於他們認不清自己的特長，付出了與成功路線相反的努力。

他們希望到達輝煌的頂峰，卻看不清自己該走上什麼樣的道路，他們渴望取得勝利，卻在錯誤的地方做出犧牲。

其實，致勝最重要的是，找到一個可以發揮自己專長的平台和保障自己能力不被埋沒的環境，就像風箏總要有一根繩子維繫著，才能在空中飛翔，那根繩子就是能夠讓自己飛得更高的「升空索」。

也就是說，如果我們離開了自己所擅長的領域，就像離開繩子維繫的風箏，最後必然會掉進失敗的泥潭，無法再次起飛。

練習保護自己

一、付出才會有回報，為自己制定一個夢想達陣計畫，並且不遺餘力地去執行才會有收穫，只有種下梧桐樹，才能引得鳳凰來。

二、只有自己親身落實執行，紮紮實實地在實踐中磨練自己的能力、認清自己擅長的方向，才能夠實現自己的夢想，才能夠減少自己在面對別人成功時候的哀嘆，最後也才能獲得保護自己，讓自己不會失敗的力量。

46、不要把現在的責任推給將來

生存智典

如果真心助人，自己也必定會獲得他人的幫助

一心只想著不擇手段「拚輸贏」，就意味著自我墮落，誰濫用「競爭力」就是把自己和別人歸於輸贏的殘酷二分法之下。

※用故事看人性

一件雨衣（沒有人窮到無法幫助別人）

小鹿一家出去玩，突然間天空下起雨來，可是牠們只帶了一件雨衣，這可怎麼辦呢？

鹿爸爸將雨衣給了鹿媽媽，鹿媽媽給了鹿哥哥，可是鹿哥哥又把這個雨衣給了小鹿。

小鹿覺得很疑惑，就問說：「為什麼爸爸給了媽媽，媽媽給了哥哥，哥哥又給了我呢？」

鹿爸爸回答說：「因為爸爸比媽媽強大，媽媽比哥哥強大，而哥哥又比你強大呀，我們都會保護比較弱小的人。」

小鹿覺得很有道理，牠左右看了看，就跑過去將雨衣撐開來，擋在了一朵風雨中飄搖的嬌弱小花上面。

真正的強者不一定要多麼有力

幾乎每個人都希望自己比別人強，每個人都不能容忍自己的對手比自己強。因此，人們在面對利益衝突的時候，往往會選擇競爭，拚個兩敗俱傷也在所不惜。然而，這個故事卻告訴我們，真正的強者不一定是多麼有力，或者多麼有錢，而是要對別人有所幫助。

很多人常常念叨的一句話是：「等我以後有錢了，我就會去幫助失學兒童、殘疾人士……」言下之意就是現在我沒能力，所以別指望我會去幫助他們。

顯然，這是一個誤會，即認為能夠幫助別人的人，必然是擁有強大力量的人。這也許和我們的輿論宣傳有一定的關係，因為，大量的新聞報導都是關於企業家或明星的公益活動。

當你說「等我以後有錢了」的時候，你實際上已經不自覺地成為了一個好高騖遠的人，一個躲避責任的人，一個在幻想中度日的人。

練習保護自己

一、真正的強者是那些以責任為動力，時刻關懷弱小，在發展自己的同時，不忘幫助別人、「己欲立而立人，己欲達而達人」的人。實際上，幫助人只要從身邊做起就可以了。

二、快樂王子並不是取得了多麼偉大的業績，他只是一個平凡的銅像，他因為堅持一點一滴地做好事，而被樹立成助人的典範。我們或許不用像快樂王子那樣奉獻自己的全身去幫助弱勢，但一點點的付出，對弱勢團體來說卻是莫大的幫助。要知道，幫助別人就是幫助自己，也就能保護自己。

47、成功的唯一秘訣，就是堅持到最後一分鐘

生存智典

全心全意，做好一件事

如果你能真正做好一枚別針，應該比你製造出粗陋的汽車賺到的錢更多。

※用故事看人性

小山羊與吹簫的狼（對自己的職業要有使命感）

小山羊落在羊群後面，被狼所追趕。

牠回過頭來，對狼說：「狼啊！我知道自己跑不過你，即將成為你美味的食物，但是

你能不能讓我在臨死前完成唯一一個願望，那就是拜託你吹一次簫，讓我來跳這輩子最後一次舞。」

於是，狼吹著簫，小山羊就輕飄飄地跳起舞來。

在遠方的狗聽到簫聲後，就盡全力跑來追趕狼。

忙著逃跑的狼在情急之下，回過頭來對小山羊說：「我真活該，我不該放下自己身為獵人的本職工作，為你吹這個該死的簫呀！」

做好自己本職的工作

一份英國報紙刊登過一則招聘教師的廣告：「工作很輕鬆，但要全心全意，盡職盡責。」

事實上，不僅教師如此，所有的工作都應該全心全意，將自己本職的工作做好，這是敬業精神的基礎。

美國前總統尼克森在德克薩斯州一所學校做演講時，對學生們說：「比其他事情更重要的是，你們需要知道怎樣將一件事情做好；與其他有能力做這件事的人相比，如果你能做得更好，那麼你就永遠不會失業。」

那些技術半生不熟的泥瓦工和木匠，將磚石和木料拼湊在一起來建造房屋，在這些房屋尚未售出之前，有些已經在暴風雨中坍塌了；術業不精的醫科學生不願花更多的時間學好技術，結果做起手術來笨手笨腳，讓病人冒著極大的生命危險；律師在讀書時不注意培養能力，辦起案件來捉襟見肘，讓當事人白白花費金錢……這些都是缺乏敬業精神的表現。

總之，無論做什麼事，都應該確實做好自己本職的工作，否則，你就會跟前述故事那頭不務本業的狼一樣，眼睜睜地讓到口的「羊肉」，在自己的眼前飛走。

練習保護自己

一、一個人無論從事何種職業，都應該盡心盡責，盡自己最大的努力，求得不斷的進步，這不僅是工作的原則，也是人生的原則。如果沒有了職責和理想，生命就會變得毫無意義。

二、知道如何做好一件事，比對很多事情都懂一點皮毛要強得多，這就像保護自己一樣，必須盡心盡力的學習「保護自己」這樣技藝，才能在這個只要要求我們「裝乖」的世界，不受到傷害。

48、懂得越多，機會不見得越多

生存智典

樣樣通，不如只精通一樣

如果你想獲得更大的成功，你最好放棄「懂得越多，機會越多」的想法，而接受「鑽得越深，機會越多」的想法。

※用故事看人性

什麼都會的鼴鼠（一方面的專能比全方面的無能要好的多）

森林裏要舉行運動大會，比賽的項目有飛行、賽跑、游泳、爬樹和打洞。動物們紛紛報名參加自己拿手的項目，鼴鼠也來了，牠要求參加所有的項目。

負責報名的烏龜把老花眼鏡摘下來又戴上，上下打量著問鼴鼠說：

「五種本領你都會？」

「都會！」鼴鼠自豪地回答說。

幾隻嘰嘰喳喳的小麻雀都閉了嘴，佩服地看著牠，然後又嘰嘰喳喳地飛走了，逢人就說：「鼴鼠可厲害了，什麼都會，是咱們森林的『五項鐵人』！」

比賽開始了，最先比的是飛行。

一聲哨響，老鷹、燕子、鴿子一下就飛得連影子都看不見，鼴鼠撲騰著飛了幾公尺遠就從天上掉了下來，著地時還沒有站穩就摔了個狗吃屎；賽跑比賽，兔子得了第一後，躺在樹下睡了一覺醒來，鼴鼠才跌跌撞撞地跑到終點；游泳比賽，鼴鼠游到一半就游不動了，大聲喊起救命來，多虧了好心的烏龜把牠馱回岸上；比賽爬樹時，鼴鼠還沒爬到樹頂就抱著樹枝不敢再爬，頑皮的猴子爬到樹頂後摘了果實往牠頭上扔；和穿山甲打洞，穿山甲一會兒就鑽進土裏不見，鼴鼠吃力地刨啊刨，半天才鑽進半個身子。觀眾見牠翹著屁股怎麼也進不去洞裏，都一起哈哈大笑起來。

鼴鼠雖然有五種本領，但一到真正要使用的時候，卻沒有一樣是中用的，這哪能算是本事呢？

多才多藝，往往敵不過鑽營一門的專才

古代天津有位小名為狗子的生意人，雖然只是對蒸包子有所專長，他卻成功地創下了一個名揚中外的包子老字號—狗不理包子。

北京的王麻子只是剪刀做得好，他卻憑這項技藝，成功地開創了自己的事業—王麻子剪刀。

根據調查，人們發現一個非常有趣的現象：現代教育培養起來的工商管理碩士往往更執著於自己的方法，發展專長的範圍雖然有限，但十分專精；而自行創業的人比較喜歡凡事一把抓，以至於經常越權，損傷了下屬的自信心。

所以，你必須讓自己在某一方面有所專長，出類拔萃，因為懂得越多，機會不見得越多。

練習保護自己

一、自認為是多才多藝，實則是樣樣不精。你只要業有所精，技有所長，使自己在某一領域中有過人之處，就能獲得更多成功的機會。

二、這些成功的機會也會讓你更懂得謙虛、上進，這樣才不會被自己的驕傲自滿所傷害，也才能夠保護自己不會失敗。

49、無法堅持的人，都是被自己給打敗

生存智典

選準一個地方，鑽下去

三心二意的結果，就只能是一知半解，就只會讓自己好像什麼都懂，但實際上卻什麼都不懂。

※用故事看人性

積小成大的巴菲特（偉大的成就，都是靠堅持來完成的）

一九九六年被美國《財富》雜誌評定為美國第二大富豪的巴菲特，被公認為股票投資

之神，他也是早創業早致富的典型。

巴菲特在十一歲就開始投資第一張股票，把他自己和姐姐的一點小錢都投入股市，剛開始一直賠錢，他的姐姐一直罵他，而他堅持要放三、四年才會賺錢。結果，姐姐把股票賣掉，而他則繼續持有，最後證明他的想法是正確的。

巴菲特二十歲時，在哥倫比亞大學就讀，在那一段日子裏，跟他年紀相仿的年輕人都只會遊玩，或是閱讀一些休閒的書籍，但他卻是大啃金融學的書籍，並跑去翻閱各種保險業的統計資料，當時他的本錢不夠又不喜歡借錢，但是他的錢還是越賺越多。

一九五四年他如願以償到格萊姆教授的顧問公司任職，兩年後他向親戚朋友集資十萬美元，成立自己的顧問公司，該公司的資產增值三十倍以後，一九六九年他解散公司，退還合夥人的錢，把精力集中在自己的投資上。

巴菲特從十一歲就開始投資股市，歷經幾十年堅持不懈。因此，他認為，他今天之所以能靠投資理財創造出巨大財富，完全是靠近六十年的歲月，慢慢地在複利的作用下創造出來的。

專心致志，才能獲得大成就

做事情只要堅持做到兩點，就能順遂心意：一是用心要專一，不能三心二意；二是勤學苦練，熟能生巧。而現在很多人卻做不到這兩點，對事物一知半解，還自以為是，「半瓶水響叮噹」就是對這種人的寫照。

雨果成名以後，交際應酬多了，這嚴重影響了他的創作，他為此很煩惱。為了避免來自外界的干擾，他剃光了自己的頭，然後，躲進閣樓進行自己的創作。因為剃光了頭，自己就無法在社會上拋頭露面了，同時也避免了人們的非議。用這個方法謝絕了社會上的各種宴請後，雨果專心致志地進行自己的創作。一個月以後，當他的頭髮長長的時候，他的新一部作品問世了。

專心致志的一個月，得到的是一部巨著的成功，這僅僅是雨果人生中的一個片段，而在雨果輝煌成就的背後，其實，是一個耐得住寂寞的身影。現在很多人陷入應酬之中，樂此不疲，不知道這些人看了雨果的故事，會有何感想？

練習保護自己

一、水滴石穿，繩鋸木斷；騏驥一躍，不能千里；駑馬十駕，功在不舍。世上無難事，只怕有心人，無法堅持的人，都是被自己給打敗。

二、貴有恆，何必三更燈火五更雞；最無益，莫過一日曝十日寒。這些格言說的都是一個道理：用心一處，不要蜻蜓點水。這是做好每件事的不二法門，也是保護自己的最佳方法。

50、基礎打不牢，成績就不會高

生存智典

凡事不能急於求成

打好基礎，做足準備，時機成熟時，一切都會水到渠成。

※用故事看人性

不聽話的小老虎（成功的階梯是一步一步的）

剛剛學會跑步不久的小老虎，看到爸爸媽媽捕獵時的威風勁兒，羨慕極了，就嚷嚷著要跟媽媽一塊出去捕捉獵物。

虎媽媽嚴肅地說：「你現在還不行，老老實實待在家裏。」

委屈的小老虎只好回到山洞，不甘心的牠站在洞口，想找個機會表現一下，剛好有一隻野豬從洞前經過，小老虎心想，我就抓住這頭野豬讓媽媽看。

牠跳躍著衝過去，張口就咬，野豬皮堅肉厚，根本咬不透。虎豬一場大戰，小老虎遍體鱗傷，幸好虎媽媽及時趕到，小老虎才脫離危險。

虎媽媽狠狠地把小老虎訓斥了一番，告訴牠：「你奔跑的速度沒練出來，你牙齒的力量沒練出來，怎麼可能捕到獵物？」

小老虎知錯了，在媽媽的幫助下，牠先學捉兔子，捉野雞，然後去捉羊、鹿。兩年後，小老虎終於殺掉了那隻讓牠受傷的野豬，成為森林之王。

一步不能登天

凡事總愛急於求成的人，看不起腳踏實地、老老實實做事的人，總以為自己志向遠大，非一般人所能及。這種人只有在現實這座銅牆鐵壁面前，碰個頭破血流的時候，才會稍稍醒悟過來。

有不少剛從大學畢業的學生，自以為讀了不少書，長了不少見識，內心難免有點飄飄然，做了一點事就對周圍越來越不滿，覺得自己受了莫大的委屈，這種心態讓他們不能與同事友好相處，最終只能限制他們的發展。

記住想要成功，不一定要做大事，也就是無論手頭上的事是多麼不起眼，多麼瑣屑，只要你認認真真去做，就一定能逐漸靠近你的理想。

練習保護自己

一、急於求成的人，希望「一步登天」，結果卻是原地踏步，沒有多少進步。

二、成大事者，心在天上，但他們知道自己的腳在地上，他們堅信一點：「只要一個台階一個台階地往上走，總有一天會登上天。」保護自己也是一樣的，需要一而再再而三的練習，才有完備的一天。

51、沒有辛苦的播種，哪來豐碩的收穫

生存智典

付出才能有收穫

如果春天的時候沒有耕耘的辛苦，那麼秋天的時候就不會有豐收的喜悅。

※用故事看人性

狼的工作態度（懂得付出才是成功之道）

狐狸和狼在同一家公司工作。有一天，狼對狐狸說：「我恨這個公司！我要離開這個公司。」

狐狸想了想，跟狼建議說：「這種爛公司一定要給它點顏色看看。我舉雙手贊成你用離職來報復！不過你現在離開，還不是最好的時機。」

狼問：「為什麼？」

狐狸說：「你應該趁著現在還在公司的機會，拚命去為自己拉一些客戶，成為公司獨當一面的人物，然後帶著這些客戶突然離開公司，這樣公司才會受到重大損失，這樣才是最好的報復方式，如果你現在就走，對公司根本不痛不癢。」

狼覺得狐狸說的非常有道理，於是努力工作，兢兢業業，經過半年多的努力工作後，他有了許多忠實客戶。

某一天狐狸和狼又見面了，狐狸問狼：「現在應該是時機了，要跳槽就趕快行動吧！」

狼卻淡然笑說：「獅子老總跟我長談過，準備升我做總經理助理，我暫時不想離開了。」

只有努力奮鬥過，最後才能取得勝利

成大事者明白：「有一分耕耘，就有一分收穫」的道理，因為春種秋收，這是自然界的發展規律，也是做事、成就事業的一個規律。凡事要成功，必須經過艱苦奮鬥的過程，只想享受，不知勤奮，想成就一番事業是不可能的。只有養成勤勞的習慣，才能換來不菲的收穫。

古希臘有位演說家，他的口才很好，每一次演講都能吸引眾多的聽眾。但他年輕的時候卻有著口吃的毛病，經常受到大家的嘲笑。為了改正這一缺點，他堅持天天練習說話。有的時候跑到山頂上，嘴裏含著小石子，訓練自己的口型，摸索發音的規律。正是這種不懈努力的精神使他改掉了口吃的毛病，也實現了當演講家的夢。

自身有缺點並不可怕，可怕的是缺少改變缺點的精神。踏實勤勞才能獲得真正的本事，才能像前述故事中，那個後來努力經營客戶的狼一樣，最終走向成功。

練習保護自己

一、青年時期，正是耕耘播種的時期，你現在種的是豆，將來就會收穫豆；你現在種的是瓜，將來收穫的就是瓜。

二、辛勤地付出了，努力了，這是為了保護自己所必須付出的代價，等忙過了人生的風雨，就會幸福的活在人生之秋的收穫季節裏。

52、做長遠的打算，才能防患於未然

生存智典

居安思危才能免去後顧之憂

雖然你無法控制危險的發生，但你可以憑藉充分的準備來減少甚至避免危險所造成的損失。

※用故事看人性

躲過災難的蜥蜴（成功來自預防，失敗源於麻痹）

在古老的地球上，生活著種類繁多的爬行動物，有恐龍，也有蜥蜴。

一天，蜥蜴對恐龍說：「發現天上有顆星星越來越大，很有可能要撞到我們。」

恐龍卻不以為然地對蜥蜴說：「該來的終究要來，難道你認為憑我們的力量可以把這顆星星推開嗎？」

沒有多久，災難終於發生了。

那顆越來越大的星星瞬間隕落到地球上，引起了強烈的地震和火山噴發，恐龍們四處奔逃，但最終很快在災難中全部死去。

而那些蜥蜴，則鑽進了自己早已挖掘好的洞穴裏，躲過了災難。

多做準備，遠離風險

看來蜥蜴還是比較聰明的，牠知道雖然自己沒有力量阻止災難的發生，但卻有力量去挖洞來給自己準備一個避難所。

面對大的動盪或變革，人們的心態無非就是兩種，一種是「恐龍型」，一種是「蜥蜴型」，但能夠站在勝利彼岸的總是早有準備的「蜥蜴型」。

無論你是否曾經做過長跑運動員，你都應該知道這一點：在長跑比賽中，那些從一開始就跑得最快的選手，基本上不可能在長跑中獲勝，獲勝的一定是那些對困難階段留有足夠體力的選手。

因為，有經驗的選手都知道，在長跑比賽中，最有挑戰性的、最困難的階段就是最後的衝刺階段，這是決定成敗的關鍵時刻。

所以，在開始的時候，不能跑得過快，消耗太多的體力，要為後來的衝刺留下足夠的體力。

練習保護自己

一、想要讓被淘汰的風險遠離自己身邊，唯一的辦法就是多做些準備；與之相對應的是，你所做的準備越少，承受的風險就會越大。

二、想要保護自己，就需要多做準備，就算白做一百次準備，但只要有一次派上用場，也就足夠了。

53、認真的態度，決定你的成功程度

生存智典

認真對待生活中的每一分鐘

擺脫平庸的最好辦法，就是認真對待生活。

※用故事看人性

認真寫字的小孩（有天生的專注，只有不斷培養的專心）

古時候，有一個小孩寫字很差。一個書法家路過這個小孩的家門前，小孩趕忙去拜書法家為師，小孩說：「先生、先生，可以教我把字寫好的訣竅嗎？」

「可以啊，但你先寫個字讓我看看。」

書法家要求小孩先寫一個字，而且，必須使用書法家隨身攜帶的，價錢不菲的紙。

因為，知道書法家的紙，價格非常昂貴，小孩特別珍惜這張紙，也就捨不得馬上在上面寫字，而是先用手指在旁邊不斷比劃，看如何寫好一個字。

這樣練習了很久的時間，小孩終於寫下了一個字，而這個字比他往常寫得字好看了很多。

後來書法家告訴他，他帶的紙其實只是很普通的寫字紙。

做個「有心人」，就沒有什麼困難的事

為什麼同樣的紙，同樣的筆，小孩前後寫的字卻有那麼大的差異呢？

前後不一樣的原因就在於小孩寫字的態度，也就是後來小孩因為認為紙的價錢很貴，於是認真地對待寫字這件事，字自然就寫得好看多了。

因此，當你在成就之路上苦苦追求，卻遲遲不能成功時，不妨檢查一下自己的做事態度，是認真對待每一件事情呢？還是一味地敷衍塞責？

而講到做事的態度，不能不提到以嚴謹認真而聞名的德國人，例如他們有規定垂釣時小魚必須放生，這規矩即使小孩也要遵守，同時規定任何成人都有督導小孩的責任和義

務。

因此，當路人看到小孩違規沒有放生小魚時，不管自己是否認識這個小孩，都會上前教育，令其改正；同樣的一些日常道德規範，他們都是如此執行。

認真地對待生活，認真地對待孩子，認真地對待工作。因此，戰後的德國迅速崛起；所以，現在的德國讓世界矚目，德國的產品讓世人放心。

練習保護自己

一、當你開始認真對待生活的時候，你就已經開始邁上了成功之路。

二、「世上無難事，只怕有心人。」對於我們的社會，如果每個人都能認真對待職責範圍內的事情，那麼這個社會必將更加美好，我們也將不會受到傷害，所以認真做事，也是保護自己的另類方式。

54、一個好的朋友，是你世界的延伸

生存智典

友情是天堂，沒有它的人就像下地獄

《聖經》上說：「忠誠的朋友是無價之寶。」人們總是跟忠誠的朋友在一起時，感到安全。

※用故事看人性

達蒙和皮斯亞斯的交情（朋友是一種溫暖，沒了朋友生命就只剩下寒冬）

在古希臘民間傳說中，達蒙和皮斯亞斯是一對好朋友。

皮斯亞斯由於反抗君主被判死罪，達蒙用生命做抵押，使他能回家料理私事並與家人告別。

執行死刑的日子快到了，皮斯亞斯卻還沒有回來，君主嘲笑皮斯亞斯對朋友的忠誠，他說達蒙是個傻子，把友情看得過重，白白為朋友灑熱血。

君主還說，如果達蒙能真正瞭解人的本性，他會明白現在皮斯亞斯早已逃之夭夭了。

執行死刑的那一天，正當達蒙被押上刑場時，皮斯亞斯及時趕到了，他十分激動地衝上前去，上氣不接下氣地解釋自己遲到的原因。

兩個朋友親切地互相問候，做了人生最後的告別，場面動人。

君主被他們的真摯友誼深深感動了，寬恕了皮斯亞斯，並帶著羨慕的口吻說：「為獲得這種友情，我願獻出我的王國。」

忠誠的朋友，才能讓你的生命更有價值

我們不能買到友誼，也不能用錢來衡量朋友的價值，忠誠的朋友，可以豐富我們的生活，甚至延長我們的生命。

在競爭激烈的現今社會，朋友之間的交往十分重要，善於交朋友的人，不僅生活得快樂自在，而且會機遇多多，時時得到眾人的幫助。因此，一個人的人緣如何，交友能力如

何，實際上反映出一個人為人處世的能力。

有了忠誠的朋友，生命才顯出全部的價值，智慧友愛，這是照亮我們黑夜的唯一光亮。

友誼是與朋友親密的精神交流，它向朋友展示自己，又對朋友表現出一種寬容的愛。然而，在與朋友的交往中，除了會產生親密的友誼，還能使你不斷地對照自己，改善自己，使自己適應社會。

練習保護自己

一、人生活於社會，不僅要和睦相處，還應該互相幫助，互相尊重，互相關心，我們要學會交友，改善人際關係，使生活更為充實、更加美好。

二、友誼是一種平靜的依戀，因理智而得到控制，因習慣而得以加強，產生於長期的結交與相互幫助的義務，同時又是一種美德、幸福和滿足。結交好友有利於讓我們可以因此提升自己，也可以保護自己。

55、最好的滿足就是讓別人滿足

生存智典

幫助別人就是拯救自己

在別人最需要你伸出援手的時候，你沒有任何理由拒絕。

※用故事看人性

起死回生的賣場（幫助別人是自己快樂的基礎）

在經濟最蕭條的年代，大賣場因一場大火化為灰燼，雖然老闆告訴員工們，當賣場整理好之後就會召回所有員工，跟他一起東山再起。但員工們都覺得老闆只是在安慰他們，所有的店員悲觀地回到家裏，等待著老闆宣布破產。

然而，在漫長而無望的等待中，他們收到的是老闆正常支付的一個月薪水，在這樣的情況下，能有這樣的好事，店員們深感意外，驚喜萬分。

一個月後，正當他們為下個月的生活發愁時，他們又收到了第二個月的薪水。這次收到薪水，店員不再是意外和驚喜，而是熱淚盈眶，感激萬分。

第二天，他們紛紛湧向賣場，自動自發的清理廢墟、四處發放廣告傳單，甚至連休假的時間，也無償地到賣場幫忙。

店員們使出渾身解數，日夜不懈地賣力工作。

終於，賣場重新運轉了起來。

把幫助別人當成一種習慣

你幫助了別人，以後你有困難的時候，別人也同樣會幫助你。所以你拯救了別人，實際上，也是在拯救你自己。

幫助別人成功，是追求個人成功最保險的方式。每個人都有能力幫助別人，一個能夠為別人付出時間和心力的人，才是真正富足的人。如果一個人頂尖的成就讓你感到有自己的一份，你能夠說：「是我讓他有今天」，這將是你最值得驕傲的事情。

幫助別人不僅利人，同時也提升本身生命的價值。不論對方是否接受你的幫助，或是否感激，想想看，如果每一個人都幫助另外一個人，世界將變得多麼和諧與美好！

練習保護自己

一、助人亦助己，這是最智慧的做人之道。如果你不相信這一點，甚至嘲笑這一點，那麼你只會成為一個渺小之徒。

二、任何人際關係，無論是私人交往，還是業務關係，如果它是以成年人的那種互利的觀念來支配的話，對雙方來說只會有益。然而，如果你為別人提供急需的東西，人家自然也會滿足你的需求，也就是當你保護了別人，別人也會保護你。

56、落井下石的人，那些石頭終究會回到自己身上

生存智典

最大的愛，就是原諒和放手

原諒是給別人一次走回頭路的機會，也給自己省下生悶氣的寶貴時間。

※用故事看人性

忘記仇恨（不能原諒的人是無法快樂起來的）

有一個動不動就恨別人的人，覺得生活很沉重，便去見哲人，尋求解脫之法。

哲人給他一個簍子背在肩上，指著一條沙礫路說：「你每走一步就撿一塊石頭放進

去，看看有什麼感覺。」

那人照著哲人說的做了。

過了一會兒，那人走到了盡頭，哲人問他：「有什麼感覺？」

那人說：「越來越覺得沉重。」

「嗯！這也就是你為什麼感覺生活越來越沉重的道理。當我們來到這個世界上時，每人都背著一個空簍子，有的人每走一步都要從這世界上撿一樣東西放進去，所以才有了越走越累的感覺。」哲人說：「如果你想過得輕鬆些，你就要學會捨棄一些不必要的負擔；而你的仇恨就是你的最大負擔，要想快樂，你必須學會忘記仇恨。」

生氣是用別人的過錯來懲罰自己

古人云：「人之有德於我者，切不可忘；吾之有德於人，不可不忘。」幫助自己的仇人脫離危險，這種寬容之心是最高尚的。

相傳唐朝宰相陸贄，有職權時，曾偏聽偏信，認為太常博士李吉甫結夥營私，便把他貶到明州做長史。不久，陸贄被罷相，貶到明州附近的忠州當別駕。後任的宰相明知李、陸有點私怨，便玩弄權術，特意提拔李吉甫為忠州刺史，讓他去當陸贄的頂頭上司，意在「借刀殺人」。

想不到李吉甫不記舊怨，上任伊始，便特意與陸贄飲酒結歡，讓那位現任宰相「借刀殺人」的陰謀成了泡影。

對此，陸贄深受感動，便積極出點子，協助李吉甫把忠州治理得一天比一天好。

有一句名言說：「生氣是用別人的過錯來懲罰自己。」老是念念不忘別人的壞處，實際上最受傷害的就是自己的心靈，也就是只會把自己搞得痛苦不堪，這又何必呢？

練習保護自己

一、在人與人的關係中，要做到長久的相處，最重要也最難得的就是將心比心。是啊，誰沒有過錯呢？當我們有對不起別人的地方時，是多麼渴望得到對方的諒解啊！

二、樂於忘記是成大事者的心態。既往不咎的人，才可能甩掉沉重的包袱，大踏步地前進，而只有步伐輕快的人，才有辦法勝任保護自己的工作。

57、沒有人與你共享快樂，是一種美好的缺憾

生存智典

黃金萬兩也買不到一個知心朋友

若是沒有和朋友相互交流和相互欣賞，即使給你天堂，也注定找不到快樂和自由的感覺。

※用故事看人性

一隻畫眉的選擇（世間最難得的是，知心人）

有一次，上帝問一隻被關在籠中的畫眉：「你想去天堂生活嗎？」

「那裡有什麼吸引我的地方？」畫眉好奇地反問說。

「天堂快活無比，不愁吃喝。」上帝回答。

「可是我現在也不錯啊。我吃喝拉撒，全由我家主人一手包辦，而且也風吹不著，雨淋不到的，此外每天可以聽到主人對我說話、唱歌……」畫眉答說。

「但你真的就很自由嗎？」上帝頓時打斷了牠的話，一時之間畫眉沉默了。

於是，上帝自作主張地把畫眉帶到了天堂，並把牠安排住在了翡翠宮裏，之後又忙著處理其他事務去了。

一年後，當上帝再次來到翡翠宮看望畫眉時，祂又問起了畫眉：

「哦，我親愛的孩子，你這一年來過得還好嗎？」

「感謝我的上帝，我過得還好。」

「那麼，你能告訴我在天堂生活的體會嗎？」上帝真誠地問。

畫眉長嘆一口氣後，無奈地說：「唉，這裡什麼都好，就是沒人對我說話、唱歌，使我極度孤悶難受。您還是將我送回到人間去吧，因為那裡才更適合我。」

孤獨是最難忍受的事

有位哲人曾說：「思想是捲著的繡毯，而與人交流，則是張開的錦帛。」

因此，有時與他人十分鐘的輕鬆交流，足以勝過一整天的沉思默想，比如說，當你沉浸在快樂中時，假如這份快樂沒有他人與你共享，你會感到是種欠缺；當你獨自享用一頓美餐時，無論這頓美餐有多麼的可口，你也會覺得有些乏味。而如果這時餐桌旁還坐著你的親朋好友，那情形就大不相同了。

所以，如果沒有人跟你共享生活的美好，即便每天生活在天堂，也會整天鬱鬱寡歡、悶悶不樂。

練習保護自己

一、孤獨就是心靈上的空虛、精神上的恐懼。而對於芸芸眾生而言，孤獨是最難忍受的事情，處在長期的孤獨寂寞中，哪怕是一隻狗或其他任何有靈性的動物，也會因為可怕的孤獨而變得沉悶甚至死亡。

二、常與人交流、溝通，是保護自己精神世界的最好選擇，交流好比礪石，思想如同鋒刃，只有兩者砥礪時，才不至使你的思想變得遲鈍，也不至使你的心靈變得孤獨。

58、朋友可以相信，但是不能盲目相信

生存智典

謹慎擇友，不可引狼入室

做為敵人的小人易躲，做為朋友的小人難防，因此，如果不想被自己最信任的朋友背叛出賣，就必須記住，可以相信朋友，但絕對不能盲目地相信朋友。

※用故事看人性

和老虎做朋友的樵夫（真金需要火煉，友誼也需要考驗）

從前，有個樵夫在山間砍柴，忽然遇見一隻老虎，嚇得癱坐在地。

那隻老虎並沒有上前吃掉樵夫，而是溫順地來到他面前，用虎頭輕輕地碰他，然後張開虎口。

樵夫回過神來，便大膽向虎口中望去，原來有一個婦女頭上的簪子卡在了老虎的喉嚨。

樵夫便細心地為老虎取出卡在喉嚨的簪子。老虎激動得熱淚盈眶，說：「樵夫哥哥，我以百獸之王的身分擔保，我一定要好好報答你。」

老虎語畢，並強烈要求與樵夫結拜為兄弟，樵夫答應了牠。

從此以後，每隔兩三天，老虎總要到樵夫家去一趟，把牠獵到的羊、鹿、兔送給樵夫，樵夫的母親看到了，勸兒子不要與老虎交朋友。

樵夫說：「媽媽，沒事的，您看老虎兄弟待我們多好啊！」

天氣冷了起來，老虎獵食越來越困難了。一天深夜，饑餓的老虎竄到樵夫家，把樵夫和他的母親吃掉了。

不要盲目相信任何人

俗話說：「生意場上無父子。」曾經有這樣一個故事。慈祥、和藹的爺爺正在逗小孫子玩。爺爺把小孫子放在壁爐上，鼓勵他使勁往下跳。跳了一次，爺爺接住了他，同時又把他抱上壁爐，鼓勵他再跳。

小孫子看見爺爺伸著手，毫不猶豫地跳下來，但這一次，爺爺突然縮回雙手，小孫子撲通一聲掉到地上，痛得嚎嚎大哭，爺爺卻在一旁微笑著。

爺爺在面對旁人不解的神色時，回答說：「我知道什麼人該信任，什麼人不該信任，可是我的孫子並不知道。他以為爺爺是可靠的，但我就是要讓他明白，爺爺也不可靠，要讓他知道不要盲目相信任何人，靠得住的只有自己。」

練習保護自己

一、「朋友」的「朋」字在字義上是兩彎相映的明月組合，講究肝膽相照，義字當先。不過現在，在利益至上的思潮影響下，「朋友」一詞不一定就是義氣的代名詞。

二、翻開社會新聞，可以看見朋友間合夥開店，集資開工廠，如果賠錢就賴來賴去，賺錢則爭權奪利到殺紅眼的。因此，交朋友一定要提高警覺，知道該怎麼保護自己，擦亮眼睛，謹防上當受騙！

59、成功的必然之路，就是不斷的「再來一次」

生存智典

鍥而不捨，才是開啟成功大門的那把鑰匙

成功者永不放棄，輕言放棄者絕不會成功。

※用故事看人性

狼捕黃牛（不懈地努力奮鬥，就沒有征服不了的東西）

一群狼將三隻黃牛圍在了山頂，黃牛緊張地奔跑著，幾分鐘就繞著山頭跑了一圈。奇怪的是，牠們始終沒能甩開狼，儘管狼沒有牠們來的健壯、體力好，但狼在跑的時候一步一步地縮小包圍圈，一直和黃牛一起奔跑著。

跑完三圈後，牛和狼都累到直喘氣，但狼絲毫不會放鬆警戒。

終於，有一隻黃牛找到一個缺口向山下跑去，但這時這隻黃牛的體力大不如前，速度自然也就慢了下來，狼見狀，拚盡全力向牛追去，顯示了更強勁的後勁。

如果不是這種鍥而不捨的精神，誰能相信狼的體力可以贏過牛呢？但的確發生了這樣的事情。很快，狼張開大嘴，從側面咬住了黃牛的脖子，此刻氣喘吁吁的黃牛早已不是狼的對手，只能乖乖地束手就擒了。

不達目的，絕不甘休

「鍥而捨之，朽木不折；鍥而不捨，金石可鏤。」這句話說明人只有具備像狼追捕獵物的那種不達目的，絕不甘休的精神，才有機會走向成功。

日本經營之神松下幸之助就是一位堅韌耐心的經營者，他曾經講過一個自己所遭遇的耐心不凡者的故事。

那個人是一家銀行的底層職員，為了承攬松下電器公司的業務，一次又一次地跑去向松下遊說。

由於，當時日本企業界習慣於一對一，松下本無轉移業務之理，所以第一次回絕了。

但這位職員每半年總要來訪一次，一直堅持了六次。後來，由於情勢的轉變和實際需要，松下公司決定新增關係銀行，生意當然最終由那位職員得到了。

然而，上述的鍥而不捨的行為，就如同一個人走進另有出口的山洞一樣，剛進去時漆黑一片，他只能摸索著山壁向前走，逐漸會慢慢發現有極弱的光，然後越走越亮，最終就可以看到外面燦爛的陽光了。

練習保護自己

一、誰沒經歷過挫折？看看那些成功的人，有幾個是一帆風順地走過來的呢？只有對一切挫折都能夠忍受，堅信事業必定成功，並以此決心做為自己人生不順遂時的精神支柱。

二、相信「烏雲過去就會見到彩虹」，即使碰到許多艱難挫折，受到許多傷害也不會動搖內心，最終這樣強韌的精神能夠幫助你保護自己，讓自己任何難關都能闖過去。

60、肯低頭的人，永遠不會撞到「門框」

生存智典

能伸能屈是必備的處世韜略

要想抬頭，必須懂得先要低頭。如果不懂得低頭，就會撞得頭破血流，甚至為此而失去性命。

※用故事看人性

被困住的蝴蝶（先學會低頭，日後才有機會抬頭）

一隻蝴蝶從敞開的窗戶飛進屋子，在房間裏一圈又一圈地飛舞，有些驚慌失措，牠顯然迷路。左衝右撞努力了好多次，都沒有飛出房間。

這隻蝴蝶之所以無法從原路飛出去，原因是牠總在房間頂部的空間尋找出路，總不往低處飛，而那低一點的位置，就是敞開著窗戶。

甚至有好幾次，牠都飛到高於窗戶頂部至多兩三公分的位置了，但牠就是不肯再飛低一點。

最終，這隻不肯低飛一點的蝴蝶耗盡了氣力，奄奄一息地落在桌子上，就像一片毫無生氣的葉子。

越是飽滿的稻穗，頭垂得越低

生活中有句俗話叫：「能伸能屈大丈夫」。可見，學會低頭也是大丈夫的一種生存處世的準則。

一個能伸能屈的人，臨時受些委屈是為了日後更進一步的前進，這就是委曲求全。

生活就是這樣，既有機遇，又到處佈滿了陷阱，沒有什麼人的成功是一帆風順的。要想進入一扇門，必須讓自己的頭比門框更矮；要想登上成功的頂峰，就必須低下頭、彎起腰做好攀登的準備。

年輕人最容易犯的毛病就是心高氣盛，恃才傲物，總以為自己是鴻鵠，別人都是燕雀，眼光總是高高向上，根本不把周圍的一切放在眼裏。直到有一天，被眼前的門框撞了頭，才發現門框比自己想像的要矮得多。

民間有一句非常貼切的諺語：「低頭是稻穗，昂頭是稗子」。越是成熟，越是飽滿的稻穗，頭垂得越低。只有那些空空如也的稗子，才會顯得招搖，始終把頭抬得老高。

練習保護自己

一、擁有一股對抗困難的韌勁，才會有更好的承受能力。雖然失敗了，但不要為失敗而扼腕嘆息，更不能死鑽牛角尖，一時的委屈是為了今後更強地伸張。

二、人生在世，對於外界的壓力，要盡可能地去承受。在承受不住的時候，不妨彎曲一下，這是一個更好保護自己的方式，就像雪松那樣，暫時讓一步，就不會被壓垮；就像小草那樣，靈活地彎個腰，就不會被風颳倒。

61、只會抱怨的人，永遠無法主宰命運

生存智典

及時轉彎，才能走向更高更遠的目標

明知是輸，卻依然執迷不悟的人是賭徒，他們一旦鑽入牛角尖，就忘記了外面還有更廣闊的天地。

※用故事看人性

愚蠢的馬嘉魚（環境不會改變，解決之道在於改變自己）

馬嘉魚很漂亮，銀膚燕尾大眼睛，平時生活在深海中，春夏之交，溯流產卵，隨著海

潮飄到淺海。

漁人捕捉馬嘉魚的方法很簡單：不用網子，而是用一個孔口粗大的竹簾，下端繫上鐵墜，放入水中，由兩艘小艇拖著，攔截魚群。

馬嘉魚的「個性」很強，不愛轉彎，即使闖入竹簾中也不會停止，所以一隻隻「前赴後繼」陷入竹簾孔中。

然而，一旦馬嘉魚陷入竹簾孔中，簾孔隨之緊縮。孔越緊，越會激怒馬嘉魚瞪起眼睛，張開脊拚命地往前衝，結果被牢牢地卡死，為漁人所獲。

改變思路，人生才可能出現柳暗花明

生活中，常會有人一方面抱怨人生的路越走越窄，看不到成功的希望，另一方面又因循守舊、不思改變，習慣在老路上繼續走下去，這是不是有些像那馬嘉魚？

其實，東方不亮西方亮，如果我們調整一下目標，改變一下思路，完全可能出現柳暗花明又一村的無限風光。

余秋雨先生在《為自己減刑》一書中，提到了他的一位獄中朋友因受其啟發，在監獄裏苦學英語，並終有所成。

刑滿釋放時，他的這個朋友帶出了一本六十萬字的英語譯稿，且出獄時神采飛揚，絲毫不像受過牢獄之災的人。

余秋雨的這位朋友學會了向生活低頭，學會了「利用」生活，學會了先「委屈」於生活，後「俘虜」生活，並最終主宰了自己的命運。

練習保護自己

一、漫漫人生路，即使我們已經走得很順利，但只要稍微遇上一些不順的事情，就會習慣性地抱怨上天虧待了我們，進而祈求上天賜給我們更多的力量，幫助我們度過難關。

二、上天其實是公平的，換個角度想想看，你會發現每個困境都有其存在的正面價值，都是為了讓我們獲得保護自己的力量而出現的人生課程。

62、先瞭解自己要做什麼，然後再動手去做

生存智典

細心觀察是為了理解，透徹理解是為了行動

問題的關鍵不在於你做了多少事情，而在於你做成了多少事情。

※用故事看人性

為了圓夢的倒楣火雞（草率行事，漏洞百出）

一隻火雞和一頭公牛在聊天。

「我非常想站在那棵蘋果樹的樹頂上，這是我畢生的夢想。」火雞嘆著口氣說：「但

是我沒有爬上蘋果樹上的那個力氣。」

「這樣啊，那你為什麼不吃點我的飼料呢？」公牛繼續說：「那飼料裏面充滿了營養，可以讓你變得更強壯。」

於是，火雞接受公牛的意見，吃了一些牛飼料，發現它真的使自己有力氣到達蘋果樹的第一個分叉處。第二天，火雞吃了更多的牛飼料以後，牠到達了蘋果樹的第二個分叉處。兩星期後，火雞終於驕傲地站在了蘋果樹的頂端，完成牠的夢想。

但火雞吃牛飼料和抓傷蘋果樹幹的事，卻被一個農夫盯上，這是火雞事先沒有想到的事。

這一天，農夫家來了一個客人，農夫非常利落地用獵槍將火雞從樹上射下來，幫自己的客人加菜。

火雞一味地想完成自己站上蘋果樹頂端的夢想，草率地接受公牛的意見，沒有考慮後果，因而在最後才會讓自己付出最大的代價。

一時興起就去做，只會讓自己事倍功半

你肯定有草率行事而讓自己吃盡苦頭的時候。然而，對做事草率的人來說，「先瞭解自己要做什麼，然後再動手去做」，這句話是很好的座右銘。

不錯，在許多情況下，像前述故事的火雞想到就去做的「立即行動」是必要的，但假如醫師在急救病人的時候，沒有事先把病況弄清楚，就冒然給病人動手術，則極有可能給病人帶來不幸。

因此，我們不能把「立即行動」片面地理解為「草率行事」。我們在做一件工作之前，雖然應當考慮如何用最簡單的方法去獲得最佳的成效，但還是必須考慮到事情做了之後，有沒有什麼自己始料未及的「後遺症」，再著手去做。

練習保護自己

一、接受一項新挑戰，必須用一定時間思考，也就是反覆在腦中推斷各種可能性，然後，做出周密的書面計畫，再付諸實施。

二、「謀定而後動」，這樣做表面上看起來，好似浪費了你的時間，其實恰恰為你解除了後顧之憂，是保護自己的手段之一。因為，如此一來，才不會像前述故事中的火雞一樣，為了追逐夢想，而喪失寶貴的生命。

63、謙虛，才能讓自己變得堅強

生存智典

做個謙虛的人，才會讓你更受歡迎

一個真正的成功者是不需要自吹自擂的，因為，別人的眼睛要比你的眼睛亮得多。

※用故事看人性

自誇的驢子（最大的驕傲和最大的自卑，都表示心靈的最軟弱無力）

這一天，百獸之王獅子過生日，為了表示慶賀，獅子提出大家一起去打獵的慶祝活動。而獅子的獵物肯定不是麻雀，一般都是肥美的野豬或公鹿。為了使打獵有所收穫，獅子需要驢子幫忙，需要利用牠那響如鐘聲的洪亮嗓門來驚嚇動物們，因此，驢子就這樣充當了打獵的號角。

打獵開始，獅子讓驢子藏起來，並在牠身上蓋上樹枝偽裝好。隨後，驢子開始嘶叫起來，這叫聲讓膽小的動物都嚇得逃出了家。由於，這些野獸從沒聽過這如同雷聲般的怪叫，這聲音在空中震盪，使林中百獸驚得抱頭鼠竄，紛紛落進了事先挖好的陷阱當中，而獅子只需等在那裡讓獵物們主動上門。

事後，驢子誇張地說：「看看那些掉到陷阱裏的笨蛋，雖然我的鳴叫非常洪亮威武，但一點點叫聲就嚇得牠們到處亂跑，這未免也太膽小了吧！」

「是的，你的確叫得很有氣勢！」獅子譏笑著回答說：「但要是現在叫的是別隻驢子，你應該也會掉到我的陷阱吧！」

稍有成就時要懂得謙虛，不能驕傲自滿

莎士比亞曾說：「假如一個人沒有一種德行，那就假裝他有吧！」然而，這句話是不是鼓勵我們作假呢？當然不是，這只是告訴我們不要靠貶低他人來抬高自己。

一個在能人和專家面前自吹自擂的人，自然會被世人譏笑的。因為，妄自尊大不但不

能引起別人的尊重，反將引起他們背後甚至當面的玩笑與攻擊。人一定要有虛懷若谷的胸襟，要知道只有謙虛，才能容納真正的學問和真理。

要想在事業上一展才華的人，要記得時機沒有成熟之前，千萬別鋒芒太露，因為，「鋒芒」是刺激別人的利器。仔細看看周圍的人，鋒芒畢露的往往是那些還沒有處世經驗、不知天高地厚的年輕人。美國石油大王洛克菲勒就說：「當我從事的石油事業蒸蒸日上時，我晚上睡前總會拍拍自己的額頭說：『你的成就微乎其微！』」這就是告誡人們要謙虛，尤其是稍有成就時，更應格外小心，不要驕傲自滿。

練習保護自己

一、言語露鋒芒，容易得罪人，而且，被你得罪的人便會成為你的阻力；行動露鋒芒，便要惹人妒忌，這也會成為你的阻力。然而，如果你的四周全是阻礙你前進的「敵人」，那麼你將會寸步難行。

二、越是有涵養、穩重的成功人士，態度越是謙虛，只有那些淺薄地自以為有所成就的人，才會驕傲自大，要記住只有懂得將謙虛當成自己的習慣，才是保護自己的最好方法。

64、尊敬別人，其實也是給自己留下了餘地

生存智典

尊重他人的人，才能受到別人的尊重

重視別人而輕視自己，先禮讓別人，然後才想到自己。

※用故事看人性

小獅子服眾（尊重他人是培養健全人格的前提）

老獅王去世了，乳臭未乾的小獅子繼承了王位，成為小獅王。但大家都不服氣，認為牠沒有王者的風範，是靠老獅王才登上王位的，因此，雖然表面上相安無事，但私底下每

個動物都很不服氣。

有一次，小獅王去看病，這時候啄木鳥醫生正在給一隻小白兔看病，還有幾隻動物在外面耐心排隊等候著。

動物們看到小獅王痛苦地跑到醫院，害怕他會像老獅王那樣一排隊就會動怒，因而連忙地說：「尊敬的獅王陛下，您先看吧，我們再等一等。」

這位新獅王卻擺擺手，雖然痛苦，但仍然笑著說：「不，大家都是平等的，我也要遵守秩序排隊。」

從此，大家對小獅王的印象大為改觀，紛紛開始對牠效忠效力。

不要忽視對別人的尊重

有一個流傳至今的老故事是這樣的：陳囂與紀伯是鄰居，一天夜裏，紀伯偷偷地將隔開兩家的竹籬笆向陳家移了一點，以便讓自己的院子寬一點，恰好這個小動作被陳囂看到了。

紀伯走後，陳囂將籬笆又往自己這邊移了一丈，使紀伯的院子更寬敞了。紀伯發現後，很是愧疚，不但還了侵佔的地，而且還將籬笆往自己這邊移了一丈。

即使是別人犯錯，我們也必須為對方保留面子、給對方台階下，否則，他一定會和你硬拚到底。也就是說如果我們懂得給足對方面子，對方就會感謝我們的誠意，進而與我們和睦相處。

其實，我們在日常生活中經常忽視對別人的尊重。例如，父母經常忘記尊重自己的孩子，忽視了孩子身為一個人的自主意識，這自然會使孩子覺得自己不受重視，或者感到自己沒用。

此外，朋友之間互相不尊重，慢慢地就會彼此疏遠，甚至會導致斷交。因此，在你每天所到的地方，不妨多尊重別人一些，不時地讓個座、講幾句體貼的話，留下一些友善的小小火花，因為，點燃友誼火焰的，往往是這些我們平日所忽略的小小火花。

練習保護自己

一、馬斯洛的需求層次理論認為，自尊和自我實現是一個人較高層次的需求，它一般表現為榮譽感和成就感。而「尊敬」的作用，就是把他人需要的這種榮譽感和成就感，拱手送到對方的手中。

二、尊敬別人，給別人面子，其實也是給自己留下了餘地，讓我們能不費吹灰之力地保護好自己。

65、嫉妒就是只看見別人的好，卻忘了自己的

生存智典

不要讓嫉妒的心理害了你

嫉妒者以害人始，以害己終。別人的才華、能力、成就並不會因你的嫉妒減弱一分，你也不會因為嫉妒而擁有那些讓你嫉妒的東西。

※用故事看人性

螃蟹哲學（嫉火看似噴向他人，但燒焦的卻是自己）

有一群螃蟹，被人抓住放到一個大盆子裏，盆子很淺，而且沒有蓋蓋子。

但是，每當有一隻螃蟹想要爬出這個「牢籠」，重回自然的時候，其他的螃蟹就一起把牠拉回到盆子裏。這些螃蟹異口同聲地說：「我們都困在這裡，不能讓你一個人出去享受！」就這樣，不管哪隻螃蟹想往外爬，都會被其他的螃蟹拉回來。

於是，這些螃蟹就這樣在盆子裏困了一天，有的螃蟹撐不住，漸漸斷了氣，兩天後，所有的螃蟹都死光了。

惡意的嫉妒是一把無形的雙刃劍

嫉妒是心靈上的毒瘤，侵蝕著健全的社會關係，破壞正常的人際交往，它播撒出的是「傷害」，收穫的是「失望」。

惡意的嫉妒，其實是一把無形的雙刃劍，在刺傷他人的同時，也會割破自己的雙手，而如何化解他人的嫉妒，也是一種才能。

古時候有一個吳國商人，去越國做買賣。這位吳國商人由於誠信經營、熱情周到，生意一直特別的好。

但這樣難免會引起其他的商販的嫉妒，於是，有一位越國商人便想方設法讓吳國商人難堪，經常串連其他攤販故意把一些垃圾掃到他的攤位前。

剛開始，這位吳國商人也很生氣，後來他轉念一想，做生意不就是「和氣生財」，於是，他不但不與這些攤販斤斤計較，相反，他還把垃圾都掃到自己攤位的角落裏，並一如既往地、熱情地對待每一位光顧他攤位的客人。

然而，那位越國商人把這件事看在了眼裏，心裏想，「大家都把垃圾掃到他那裡，他為什麼不生氣？而且生意還能像以前一樣紅火……」

他一連觀察了好多天，始終疑惑不解，有一天終於忍不住去問這位吳國商人。

吳國商人笑著回答：「我們國家，過年的時候，每家每戶都會把垃圾往家裏掃，誰家垃圾越多就代表誰家在來年會賺更多的錢，你看，現在每天都有人把『錢』送到我的攤位上，那麼，我總不能拒絕吧？你看，我現在生意是不是越來越好了？」

越國商人聽後若有所思，從此以後吳國商人攤位前的那些垃圾，便再也沒有出現過。

練習保護自己

一、伏爾泰說：「凡缺乏才能和意志的人，最易產生嫉妒。」因為，自己技不如人，只能用嫉妒的心理去排解心中的不平。

二、對付嫉妒心理的最好方法，莫過於提高技能，或是轉個念頭，去捧高別人也能達到同樣的效果。如此，才能和氣生財，保護自己不受到意外的傷害。

66、需要解決的問題是所有創意的來源

生存智典

突破創新思維的瓶頸，才能有料想不到的創意

許多事情就是從第一次大膽的嘗試開始，最後才能向成功邁進。

※用故事看人性

大臣的女兒（創意有時候可以救你一命）

以前，有一個國王，他經常出去打獵，但是他進出都騎馬，從來不徒步行走。

有一次，他在打獵時偶爾走了一段路，就發生一件倒楣的事，他的腳被一根刺紮住

了，痛得他哇哇大叫，把身邊的侍從大罵了一頓。

第二天，他向一個大臣下令：一個星期之內，必須把城裏的大街小巷通通鋪上毛皮，如果不能如期完工，就要把大臣絞死。

一聽國王的命令，那個大臣十分驚訝。可是國王的命令不能不執行，這可怎麼辦呢？沒有辦法，只好照辦。

可是，鋪著鋪著就發現問題了，因為所有的毛皮很快就用完了，於是，不得不每天宰殺牲口，一連殺了成千上萬的牲口，可是鋪好的街道還不到百分之一。

離限期只有兩天了，急得大臣沒辦法，只好坐在家裏的客廳長嘘短嘆。

大臣有一個女兒，聰明伶俐，看到父親如此不安，就問怎麼回事，大臣就對她說明了情況。

女兒聽完後，就笑了起來，並且說：「這件事，您交給我來辦吧。」

第二天，女兒和父親一起去見國王。來到王宮，她先向國王請安，然後說：「大王，您下達的任務，我們都完成了。您只要把這兩個皮口袋穿在腳上，走到哪裡去都行，別說小刺，就是釘子也紮不到您的腳。」

國王把兩個皮口袋穿在腳，然後在地上走了走，感到舒服極了。於是，他明白了大臣女兒的用意，砍掉大臣腦袋的事情，就不了了之了。

動一動腦筋，創意就會出現

曾經有人說過：「需要是發明創造之母。」

在現實生活中，當人們遇到必須解決的問題時，時常會遇到瓶頸，這是由於人們的眼光只停留在事物的一個方面所造成的。

如果能換一換視角，從反面去思考，也就是逆向思維，情況就會改觀，創意就會出現。因此，如果我們在生活中遇到某種難題，一定要多動腦筋，多思索，多創造，即使別人從來沒有嘗試過的，也可以大膽嘗試，大膽創新！

練習保護自己

一、經驗告訴我們，當你相信某一件事不可能做到時，你的大腦就會為你找出種種做不到的理由。但是，當真正地相信某一件事確實可以做到，你的大腦就會幫你找出能做到的各種方法—包括如何「保護自己」這件事。

二、在生活的需求下，人們充分地發揮著自己的聰明才智來創造需要，以及不停地用創造改變著這個世界，使世界變得越來越豐富多彩，生趣盎然。

67、只有堅持不懈，才能改掉根深蒂固的壞習慣

生存智典

壞習慣，是阻礙你發揮才華的絆腳石

生命本就是由一點一滴的好習慣所組成，若想一鳴驚人，就必須想方設法去克服自己的壞習慣。

※用故事看人性

改掉賴床習慣的布豐（堅持下去的動力，是因為不想輕易認輸）

喬治路易・勒克萊爾・布豐是十八世紀法國博物學家、作家，寫出過多達三十六冊的

巨著《自然史》。然而，他的一生證明了「勤奮出天才」的道理。

年輕時，布豐並沒有什麼過人的天賦，他智力平平，反應遲鈍。並且他一生下來就擁有大筆財產，因此，人們都以為他會縱情於榮華富貴之中，但他並不想成為一個酒囊飯袋，他想要致力於科學研究。

由於，時間是有限的財富，因此，他為自己早上睡懶覺浪費時間而苦惱，他決心改掉這個壞習慣。但他努力了一段時間，毫無成效，早上仍然起不來，最後他只得叫他的傭人約瑟夫來幫忙。

只要約瑟夫能在早上六點以前把他叫起來，他就賞給約瑟夫一克朗，但當約瑟夫早上去叫他時，他或者以生病做為藉口，或者因吵醒他的睡眠而假裝生氣。

但是，當布豐賴床起來之後，卻又大聲呵斥約瑟夫讓他睡懶覺，沒有把他準時叫起來，因而，讓這個貼身男僕鐵下心來要賺那一克朗了，他再也不顧布豐的可憐兮兮的懇求，也不在乎他的威脅，他一次又一次地強迫布豐在六點之前起床。透過約瑟夫的種種努力，布豐終於克服了睡懶覺的習慣。

最笨的方法，往往也是最可靠的方法

荷蘭智者伊拉斯謨說過：「那些最不幸的人就是那些智慧最高的人。」聰明和智謀是製造動盪和麻煩的精靈，也是一劑致命的毒藥。所以，我們應該靜下心來，學會踏踏實實做人，老老實實做事。

要知道像前述故事中的布豐那種命令傭人約瑟夫，每天早上一定要叫自己起床的最笨方法，才是最可靠的方法，而陰謀詭計，奇談怪論，都是招致災禍的根源。

練習保護自己

一、一切宏偉的計畫與想創一番偉大事業的想法，都必須在克服自己的壞習慣當中累積而成。

二、在克服壞習慣的過程，忍耐和堅持是痛苦的，但它會逐漸帶給我們好處，讓我們變得堅強、強壯、堅韌，而這些特質都是「保護自己」所必須具備的。

68、可以「投機取巧」，但必須用在對的地方

生存智典

做事可以「投機取巧」，但還是要腳踏實地

如果我們懂得將「投機取巧」用在對的地方，那麼適時地「投機取巧」，又何嘗不是讓自己用最短的時間獲得最佳效果的「潛方法」呢？

※用故事看人性

百忍寺（老實的人才能把事情做好，奸詐的人只會投機取巧）

有位修行者，脾氣非常暴躁，他想把這個壞毛病改掉，可是又覺得強行克制自己的脾

氣太過於難受，且成效太慢。

於是，他決定花錢蓋一座廟宇，為了顯示自己改掉急躁脾氣的信心和決心，特別在廟宇大門的橫匾上刻上「百忍寺」三個大字。

做完這些後，這位修行者就開始向周圍人表示，自己已經改掉了急躁的毛病，而人們也都相信了他。

有一天，一位過路客向修行者詢問廟宇橫匾上的字。修行者說：「百忍寺。」

過路客再問一次，修行者口氣略有不耐，大聲說：「百、忍、寺。」

過路客又問了一次：「請再說一遍。」

修行者終於按捺不住，說了句：「百忍寺，笨蛋！」

過路客笑了，說：「我才問你三遍，你就受不了了，那麼你花錢建造這間百忍寺又有什麼用呢？」

「投機取巧」有什麼不好？

你一定覺得這個修行者很可笑，可是笑過之後，想想自己又何嘗不是這樣呢？

我們都希望實現自己的目標，獲得成功，而且認為在很多人的眼裏，我們應該可以成為某種非凡的人物。

正如人們看到修行者的用心良苦，認為他肯定能改掉自己的壞毛病。然而，事實證明修行者並沒有改掉他的急躁毛病，原因何在？

一個重要的原因，在於修行者習慣於投機取巧，不願意付出與成功相應的努力。有些人學習時，只求瞭解不求深入，結果當問題真正擺在面前時，便束手無策，只好重新翻書學習。

生活中的各種實例，有力地證明這樣一個道理：無論事情大小，如果總是投機取巧，表面上可能會節約一些時間和精力，但實際結果，卻往往是浪費更多的時間、精力和錢財。

但是，話又說回來，如果我們懂得將「投機取巧」用在對的地方，那麼適時地「投機取巧」，又何嘗不是可以讓自己用最短的時間獲得最佳效果的「潛方法」呢？

練習保護自己

一、在工作中投機取巧，也許能讓你獲得一時的便利，但從長遠來看，只是有百害而無一利的。

二、可以適時地「投機取巧」，但還是要腳踏實地的做事，這樣的收穫才會是實在的、確切的，而這種一步一腳印的做法所獲得的能力，才會成為保護自己的最佳利器。

69、大地方睜開眼，小地方閉上眼

生存智典

不計較，生活才會簡單

水過於清澈，就藏不了魚；做人如果過於苛刻，就容易失去人緣。

※用故事看人性

失敗的改革（對別人不要太計較，對自己要好好計較）

有個國王，經過不斷努力，在三年的時間內，南征北戰，征服了滋擾邊疆的外族人，又經過十年的時間，使國家昌盛，國富民強。

但是這個國王總是有個心事放不下來，就是有的大臣經常藉公家之便做私人的事。於是，這個國王下令開除了那些以權謀私的人。

一時之間，嚴苛的政令席捲整個國家，幾乎每個官員都因為一些芝麻綠豆小事而罰款或者是下獄，使得官民都苦不堪言。

然而，經過整頓改革之後，雖然政治變得潔淨、簡單許多，但由於國王不懂得「在大處睜開眼，在小處閉上眼」的領導潛規則，導致以前的重臣走了一半以上，讓他再也找不到有才能的人來輔佐他了。

不要拿「顯微鏡」看人

與人相處時，難免會有一些意見的差異，會有一些小矛盾，對別人的小缺點不要太在意，千萬不要做一個雞腸鳥肚、神經過敏的人，否則，就沒人和你做朋友。

宋朝的呂蒙正，不喜歡與人斤斤計較。他剛任宰相時，有一位官員在簾子後面指著他對別人說：「這個無名小子也配當宰相嗎？」

呂蒙正假裝沒聽見，大步走了過去。其他官員為他忿忿不平，準備去問是什麼人敢如此膽大包天。

呂蒙正知道後，急忙阻止，並對他們說：「如果知道了他的姓名，那麼就一輩子也忘不掉，所以千萬不要去查問此人的姓名。而且，不知道他是誰，對我也沒有什麼損失呀！」

律己要嚴，待人要寬，千萬不要拿「顯微鏡」看人，因為在「顯微鏡」下，絕對沒有完人。

練習保護自己

一、誰人背後沒人說，誰人背後不說人。別人偷說你兩句，就讓他說吧，只要無傷大雅就行，非要和別人認真，不是給自己找罪受嗎？

二、做事情不要太瑣碎，雞毛蒜皮的小事不要去管，誰的小事讓誰自己去管就好，這樣才能保護好自己，既不傷身也不傷心。

70、現在幫別人，其實也是在幫未來的自己

生存智典

弱小的朋友也能給你帶來重大的幫助

生活中，許多平時看起來並不起眼的朋友，或許在某個特殊的關鍵時刻，就能派上大用場，幫助你擺脫困境。

※用故事看人性

和氣交友的李兆基（朋友需要你今天幫助，千萬不要等到明天）

香港富豪李兆基很善於處理人際關係。他的哲學是：「對長期合作夥伴，一定要讓大

家都高興，實現雙贏。」對下屬，李兆基同樣是善用人情，巧妙關懷，扶危濟困，贏得一片忠心和無限感動。

有一次，李兆基身邊一位在公司工作多年的下屬，因自己炒股失敗，傾家蕩產，搞得欲哭無淚，無路可走。

李兆基知道了這件事，也不等對方開口，馬上叫來會計，囑咐說：「幫他把債務還一還吧！」

當時的李兆基的恒基集團也欠了銀行很多的債務，真可謂自顧不暇，而市場又那麼不景氣。於是，會計就忍不住問了句：「在這個時候幫他嗎？」

李兆基肯定地回答說：「就是這個時候，因為我不幫他，還會有誰幫他？」

給人方便，就是給自己方便

由於，社會分工不同，大家從事著各種不同的職業，每個人都需要彼此幫助。千萬不要小看了任何一個人，哪怕是一個生活在社會底層的清潔工人，也有值得我們尊重的地方，以及擁有著有朝一日我們需要他幫忙的「特殊能力」。

有句話說：「給人方便，就是給自己方便。」不管你取得了多麼顯赫的地位和累積多麼強大的實力，都千萬不要忘了這句話。

要牢牢記住：實力都是相對而言的，地位也不是牢不可破的。如果你因此傲慢自大，得意忘形，忘了你現在幫別人，其實也就是在幫未來自己的道理，那麼將來當你需要別人幫忙的時候，就會找不到人來幫你。

練習保護自己

一、不論對上對下、對內對外，良好的朋友有時就是一筆巨大的投資。多結交良朋摯友，他們會在你困難的時候，給你提供極大的幫助。

二、俗話說：「養兵千日，用在一時」，交友也是一樣。許多朋友看起來平凡無奇，但在關鍵時刻卻可能發揮意想不到的助力，所以，不要輕易放棄自己的朋友，他們都是未來能保護自己的防護網。

71、不會佔你便宜的人，往往會讓你吃虧

生存智典

貴人不佔便宜，佔便宜的不是貴人

君子為人坦蕩，不屑與人勾心鬥角，而小人恰恰相反，他們是琢磨人的專家，小人是惹不起的，但是我們卻可以躲得起。

※用故事看人性

合夥釀酒（想佔你便宜的人，都會說他不會佔你便宜）

最近因為米酒的行情不錯，小章和小汪商量，決定要一起合夥釀米酒。

小章說：「你出米，我出水。」

小汪說：「這樣我吃虧了吧？米的價格比較高，要是米都是我出，那之後釀成的米酒賣出去，要怎樣分配利潤？」

小汪說：「我們都這麼久的交情了，我絕對不會佔你便宜，到酒釀成時，只要把其中的水還我就可以了，其餘都歸你！」

「防小人」是我們必須學會的本領

其實，像前述故事中，小汪那種小人的眼睛總是牢牢地盯著周圍的大小利益，隨時準備佔點便宜，為此甚至不惜一切代價不擇各種手段來算計別人，真是讓人防不勝防。不過，對付小人也不是一點辦法都沒有的。

郭子儀率兵平定天下後，他並不居功自傲，而是格外小心。

有一次，一位下級官吏來拜訪他，他就讓家中的家僕都避開。夫人問為什麼，郭子儀告訴夫人，這個官吏是個十足的小人，身高不足五尺，相貌奇醜，很忌諱別人說他醜。郭子儀擔心家人見了這個人會笑，因而要所有家僕都躲起來。

後來，這個小人當了宰相，極盡報復之能事，把所有以前得罪過他的人統統陷害掉，唯獨對郭子儀比較尊重，沒有動他一根寒毛。

練習保護自己

一、小人的心眼極小，為一點小榮辱都會不惜一切，做出損人利己的事來。所以防小人是我們必須學會的本領，即使我們不屑於與小人為伍，我們也不得不防，以減少不必要的麻煩。

二、小人不遺餘力地陷害別人，就是避免別人勝過自己，謀求心理上的平衡。為了保護自己，我們必須掌握小人的這種心理需求，投其所好，讓小人的心裏舒服一些，他們就會把眼光從我們的身上收回，轉向別處了。

72、「學習」，不能一躍千里，只能每天前進一步

生存智典

平時不學，臨時後悔莫及

根據一個人怎樣利用他的零碎時間，就可以預言他的前途。

※用故事看人性

自彈自唱「自吹」的年輕人（人是靠學習中所得到的一切來造就自己）

有個年輕人出身在音樂世家，但他這個人非常的懶散，常常拿著吉他在聲音效果較好的室內彈唱。

聽著室內迴響的聲音，他高興地自以為自己的嗓音非常不錯，心想自己完全可以去登臺表演了。

所以這個年輕人練吉他沒多久就不練了，還洋洋得意地告訴親朋好友，自己要辦一場自彈自唱的演唱會，要大家都來捧場。

可是他在演唱會，唱得無比差勁，於是，就被台下觀眾用巨大的噓聲轟下台。

機會從來只給有準備的人

流水不腐，戶樞不蠹，這句古話也可以用在人的智力增長上。你只有不斷學習新東西，才能保持思維的靈動，也只有這樣，才能跟得上時代的步伐，不被淘汰。

機會從來只給有準備的人。因此，我們缺少的往往不是機會，而是準備，就像前述故事的那個年輕人，缺少的不是開演唱會的機會，而是開演唱會之前的準備。

諺語說：有緣千里來相會，無緣對面不相識。「緣」，實質就是「準備」。沒有準備的人，絕對與成功無緣。

特別是在競爭加劇的今天，還沒等到過招，勝負早已定了。因為，競爭在廝殺前早就開始，也就是這裡比的是「準備」，比的是日積月累，比的是「台下十年功」。

換言之，想要擊敗對手，最重要的辦法就是比對方準備得更充分，累積得更多。而這種累積和準備，不但包括知識的累積和準備，而且還包括心態的調整、目標的確定和行動的開展。

要想成就大事業，一定要記住：年輕時究竟懂得多少並不重要，只有懂得用學習來獲得足夠的知識，才能做好成功前的各種準備。

練習保護自己

一、愛迪生說得好：「知識僅次於美德，它可以使人真正、實實在在地勝過他人。」因此，學習應該變成你隨時隨地的必要選擇。

二、有一技之長的人，去哪裡都不愁，這也就是為什麼我們需要學習，因為「學習」不只是用來保護自己，也是為了走向未來！

73、你要學會如何「看人臉色」

生存智典

能辨風向，才會使好舵

一個人要想在為人處世中遊刃有餘，就必須擁有能夠洞徹人心的敏銳觀察力，也就是你要學會怎麼察言觀色，你要懂得如何看人臉色。

※用故事看人性

「白目」的縣官（學會察言觀色，否則會有許多不必要的麻煩）

清朝時，一個舉人經過三科，又參加候選，得了一個山東某縣縣令的職位。

他第一次去拜見上司，因為太緊張，想不出該說什麼話。沉默了一會，忽然問說：「大人尊姓？」

這位上司很訝異，勉強說了姓某。

縣令低頭想了很久，說：「大人的姓，百家姓中沒有。」

上司更加驚異，說：「我是旗人，貴縣不知道嗎？」

縣令又站起來，說：「大人在哪一旗？」

上司說：「正紅旗。」

縣令說：「正黃旗最好，大人怎麼不在正黃旗呢？」

上司勃然大怒，問：「貴縣是哪一省的人？」

縣令說：「廣西。」

上司說：「廣東最好，你為什麼不在廣東？」

縣令吃了一驚，這才發現上司滿臉怒氣，趕快走了出去。

第二天，上司就將他解任，這個舉人只好回書院去教孩子們。

察言觀色最重要的是「用心」

我們如果能真的在交際中察言觀色，隨機應變，也是一種本領。

例如在訪問中，我們常常會遇見一些意想不到的情況，當我們全神貫注地與主人交談的同時，也應對一些意料之外的資訊敏銳地感知，恰當地處理。

也就是當主人一面跟你說話，一面眼睛往別處看，同時有人在小聲講話，這表明剛才你的來訪打斷了什麼重要的事，主人心裏惦記著這件事，因此，雖然他在接待你，但卻是心不在焉。

這時你最明智的方法就是打住，然後，找一個理由向對方告辭，說：「您一定很忙，我就不打擾了，過一、兩天我再來聽回音吧！」

你走了，主人心裏對你既有感激，也有內疚：「因為自己的事，沒好好接待你……」這樣一來，他就會努力完成你的託付，以此來回報。

練習保護自己

一、人際交往中，對他人的言語、表情、手勢、動作以及看似不經意的行為敏銳細緻的觀察，都是掌握對方意圖的先決條件。

二、要知道測得風向才能使穩舵，不在風浪中翻船，學習如何看人臉色，才能夠保護好自己。

74、你能做到的，比想像的更多

生存智典

激發你的最大潛能

每個人都有潛能，但是只有成功的人，才能把自己的潛能發揮得最好。

※用故事看人性

身後有一匹狼（潛能就像打火石裏的火，經過衝擊才會出現）

野兔第一次參加馬拉松比賽就獲得了冠軍，並且打破了世界紀錄。

記者蜂擁而至，團團圍住牠，不停地問牠：「你是如何取得這樣好的成績的？」

野兔喘著大氣說：「因為我的身後有一匹狼。」

迎著記者們驚訝和探詢的目光，野兔解釋說：「三年前，有一天清晨，我在訓練的途中，忽然聽見身後傳來狼的叫聲，我知道是一匹狼盯上了我，我沒命地跑著，那天訓練，我的成績好極了。」

「後來媽媽問我原因，我說我聽見了狼的叫聲。媽媽意味深長地說：『看來不是你不行，而是你的身後缺少了一隻狼。』」野兔繼續說：「後來，我才知道，那天清晨根本沒有狼。我聽見的狼叫，是媽媽裝出來的，從此我的成績突飛猛進。因此，我今天參加這場比賽，依然想像我的身後有一匹狼，因為，這匹看不見的狼，可以激發出我身上所有的潛能。」

人們只發揮極小部分的大腦功能

愛迪生曾經說：「如果我們做出所有我們能做的事情，我們毫無疑問地會使自己大吃一驚。」

有人把人的能力比做屹立在茫茫大海中的一座冰山，水上的部分即被視為已經發揮出來的智慧，水下的部分則被比做為尚未開發的潛能。

科學家證明，人腦的潛能幾乎是無窮無盡的，人類儲存在腦內的能量大得驚人，人們通常只發揮了極小部分的大腦功能。

如果人類能夠發揮一般的大腦功能，那就會出現令人吃驚的奇蹟：譬如可以輕而易舉地學會四十種語言；背誦整本百科全書；能拿到十二個博士學位。

因此，更進一步發揮我們的潛能，是抓住生活中更多機會的關鍵。

練習保護自己

一、潛能是儲存在一個人身上，尚未被釋放出來的各類能量，一個人就只有在全力以赴的時候，才能發揮最大的潛能。

二、我們做事與學習都應該盡心盡力，這不只是為了發掘我們自身的能力，也是為了保護自己不受到傷害。

75、解決問題需要智慧，貫徹執行需要耐心

生存智典

退一步，可以讓自己進兩步

一忍可以制百勇，一靜可以制百動。

※用故事看人性

勾踐滅吳（忍得一時之氣，免得百日之憂）

越王勾踐要滅吳國，但他不是先去攻打吳國，而是先勸吳王去攻打齊國；待吳國戰勝齊國後，勾踐又勸吳王和晉國在黃池之會上爭霸主地位。由於勝利，吳王日漸驕奢。待吳

王得意忘形、被勝利沖昏頭時，越王勾踐一舉發兵，輕而易舉地滅了吳國。

其實，越王勾踐最讓人耳熟能詳的故事，就是「臥薪嚐膽」，然而，這個故事告訴我們，一個人如果想成功，必須像越王勾踐一樣，忍人所不能忍耐的事。

小不忍則亂大謀

要想做一番大事業，就得忍住那些小慾望，忍住別人對你的嘲諷、譏笑和誤解，忍住一時一事上的失利和挫折，忍住各式各樣的挑釁和羞辱。

忍，不是軟弱無力的表現，恰恰是你內心積蓄力量的外在反映。當你重新集聚起力量的時候，也就到了你爆發的時候了，這是一種後發制人的策略。

後發制人要求以逸待勞，避其鋒芒，積蓄力量，瞄準時機，回頭猛擊，一戰而勝。後發制人是有計畫、有目的的行動，而不是被對手逼著、趕著敗退。後發制人是主動牽著對手的鼻子走。

因此，後發制人是積極的，而不是消極的，實施它要想在前，備在前，而不是被動應付。

練習保護自己

一、忍耐著放棄一些，不是永久地喪失，而是為了更多地取得；避免決戰，不是畏敵怯戰，而是等待時機。

二、小不忍則亂大謀；不管是保護自己，或是生活中的任何問題和困境，這都是最正確的處事方法。

76、成功屬於忍耐和堅持到底的人

生存智典

有耐力的人，無往而不勝

成功不是一天造就的，凡事都要有耐力才行。

※用故事看人性

耐性十足，行動果斷（有耐心的人，能得到他所希望的）

在嚴寒的凜冬，一座城池被包圍，假如明天下午之前仍等不到援兵，就將完全淪陷。顧城的守將，決定派一名士兵去河對岸的另一座城池求援。

這名士兵馬不停蹄地趕到河邊的渡口，但卻看不到一艘船。

假如過不了河，自己的城池就會落到敵人手裏，士兵一想到這，就憂心如焚，頭髮都快愁白了。

太陽下山，夜幕降臨，黑暗和寒冷加劇了他的恐懼與絕望。這是士兵一生中最難熬的一夜，他覺得自己真的是走投無路了。更糟糕的是，起了北風，到半夜又下起了鵝毛大雪，他冷得瑟縮成一團，緊緊抱著戰馬，藉著戰馬的體溫取暖。

但有一個聲音在他心裏重覆著：為了城池裏的同伴和家人，他要活下來！

當他奄奄一息時，東方漸漸露出了魚肚白。他牽著戰馬走到河邊，發現那條阻擋他前進的大河上已經結了一層冰，冰凍得非常結實，他可以從上面走過去，欣喜若狂的他，牽著戰馬輕鬆地走到了對岸。

城池就這樣得救了，得救於他的忍耐和等待。

耐力是勇敢的表現

俗話說：「欲速則不達。」因此，做任何事情都應該有別人沒有的耐力。

耐力需要特別的勇氣，需要對目標全身心的投入，需要不屈不撓、堅持到底的精神。

耐力是動態的而非靜態的，是主動的而非被動的，是一種主導命運的積極力量。

這種力量在我們的內心源源不盡，但必須加以嚴格控制和準確引導，才具有價值。

耐力意味著腳踏實地準備和默默地尋找最恰當的時機，這是一個耐得住寂寞的過程，是任何個人和組織取得成功所必備的素質。

無耐力者，總是在不恰當的時機貿然出擊，結果總是不能給對手致命一擊，不僅讓對手逃脫或有反擊的機會，並且也把自己的實力全部暴露出來。

練習保護自己

一、競爭中最忌諱的就是選擇了錯誤的時機，出擊太早會過早地暴露自己的意圖，出擊太晚則會被別人搶得先機。

二、一個優秀的競爭者最重要的是保持耐力，選擇最合適的時機出擊，用最小的代價換取最大的利益，如此才能取得成功並且保護自己。

77、人之所以不幸，是因為不知道自己是幸福的

生存智典

憂鬱是一種負能量

過度憂鬱將使你達不到任何成果，並在失望和悲憤之中自暴自棄。

※用故事看人性

男人與和尚（即使生活不幸，仍應該愛惜生命）

一個神情憂鬱的男子坐在公園的長椅上，一個人悶悶地喝著咖啡。在他不遠處的另一張長椅旁站著一位正在化緣的和尚，和尚一直在關注著這個人。

終於，和尚走上前去，彎下腰對這個人說：「施主，您一定遇上了什麼難題，如果您願意告訴我的話，我希望我可以幫助您。」

這個人看了和尚一眼，冷冷地說：「我不需要幫忙，我沒有問題。」

和尚站起身來，接著說：「如果您相信我的話，我想帶您去一個地方。」

這個人沒有拒絕，隨著和尚坐車來到了郊外。

下車後，和尚指著一排排的墓碑說：「您看見了嗎？只有躺在這裡的人，才是沒有問題的。」

這個人的眉頭開始放鬆了，他把他的難處向和尚娓娓道來……

用樂觀的正能量戰勝憂鬱心理

人在不同時期，擁有不同的心態，由於不同的心態，就會擁有不同的人生經歷，大多數人都可能或輕或重地陷入憂鬱。

憂鬱對有志有為者來說，可以促進他自省，激發他的創造力，鞭策他走向自強，走向成熟。但如果陷於憂鬱後，缺乏樂觀堅強的人生態度，缺乏百折不撓的奮鬥精神，對種種人生磨難缺乏必要的思想準備，則可能把人的自信轟毀，能力降低，進而釀成憂鬱症，導致情緒低落。而這無疑會瓦解人的理想、信念、希望等精神支柱，甚至使人走上絕路。

因此，一定要警惕憂鬱心態，如果感到自己有憂鬱症傾向，應該及時向醫生求助，不可放任。

練習保護自己

一、憂鬱是一種很複雜的情緒，是痛苦、憤怒、焦慮、悲哀、自責、羞愧、冷漠等情緒複合的結果，它是一種廣泛的負面情緒。憂鬱超過了正常界限就畸變為憂鬱症，成了心理疾病。

二、不要輕易衡量生活的幸與不幸！每個人的生命都是可以綻放美麗的；只要肯珍惜，珍惜我們的生活，對周圍的一切充滿感恩，就是保護我們身心健康的最好方法。

國家圖書館出版品預行編目資料

該醒了！事情不是你想的那麼簡單/譚富齡著. --初版. -- 臺北市:種籽文化, 2017.08
面；　公分

978-986-94675-4-4(平裝)

1.自我肯定 2.自信

177.2　　　　　　106012429

Concept　109

該醒了！事情不是你想的那麼簡單

作者／譚富齡
發行人／鍾文宏
編輯／編輯部
美編／文荳設計
行政／陳金枝

出版者／種籽文化事業有限公司
出版登記／行政院新聞局局版北市業字第1449號
發行部／台北市虎林街46巷35號1樓
電話／02-27685812-3傳真／02-27685811
e-mail／seed3@ms47.hinet.net

印刷／久裕印刷事業股份有限公司
製版／全印排版科技股份有限公司
總經銷／知遠文化事業有限公司
住址／新北市深坑區北深路3段155巷25號5樓
電話／02-26648800 傳真／02-26640490
網址：http://www.booknews.com.tw(博訊書網)

出版日期／2017年08月　初版一刷
郵政劃撥／19221780戶名：種籽文化事業有限公司
◎劃撥金額900(含)元以上者，郵資免費。
◎劃撥金額900元以下者，若訂購一本請外加郵資60元；
劃撥二本以上，請外加80元

定價：250元

喬木書房